Abdoul Hamid Derra

# La Lumière Prophétique

Abdoul Hamid Derra

# La Lumière Prophétique

## Récits des Meilleurs des Serviteurs D'Allah

Éditions Croix du Salut

**Imprint**



Cover image: www.ingimage.com

Publisher:
Éditions Croix du Salut
is a trademark of
Dodo Books Indian Ocean Ltd. and OmniScriptum S.R.L publishing group

120 High Road, East Finchley, London, N2 9ED, United Kingdom
Str. Armeneasca 28/1, office 1, Chisinau MD-2012, Republic of Moldova, Europe
Printed at: see last page
**ISBN: 978-620-3-84612-6**

# *LA LUMIERE PROPHETIQUE*

## *RECITS DES MEILLEURS DES SERVITEURS D'ALLAH*

***COUVERTURE***

*« **MOÏSE - QUE LA PAIX SOIT SUR LUI - A DIT : "Ô SEIGNEUR ! QUELS SONT TES HOMMES (LES TIENS, AHLUKA)** CEUX QUE **TU ABRITES SOUS L'OMBRE DE TON TRONE ?"** IL DIT : "CE SONT :*

***CEUX DONT LES MAINS SONT INNOCENTS ET DONT LES CŒURS SONT PURS,*** *CEUX QUI S'AIMENT MUTUELLEMENT EN MA MAJESTE, CEUX QUI, LORSQUE JE SUIS MENTIONNE, MA MENTION RAMENE LEUR MENTION. ET QUAND ILS SONT MENTIONNES LEUR MENTION RAMENE A MA MENTION.*

***CEUX QUI RENFORCENT (YUSBIGHUNA) LEURS ABLUTIONS POUR LE MOINDRE MAKRUH (SALISSURE),*** *CEUX QUI SE REFUGIENT DANS MON INVOCATION, DE LA MEME MANIERE QUE LES AIGLES SE REFUGIENT DANS LEUR TANIERE (NID),*

***CEUX QUI S'IMPLIQUENT ENTIEREMENT DANS MON AMOUR, DE LA MEME MANIERE QUE L'ENFANT S'ASSUME ENTIEREMENT DANS L'AMOUR DES GENS,*** *CEUX QUI MANIFESTENT LEUR COLERE QUAND MES INTERDITS SONT RENDUS LICITES, DE LA MEME MANIERE QUE LE TIGRE S'EXASPERE QUAND IL EST ATTAQUE." »*

## *INTRODUCTION*

***WAHB IBN MONABIH,*** *SUIVANT* ***UNE CHAINE DE TRADITION*** *REMONTANT A* ***L'IMAM ABU AL-HASAN,*** *A DIT :*

***DIEU LE TRES HAUT*** *DIT LORSQU'IL PARLA A* ***MOÏSE :***

- ***"QUE LE LUSTRE DE PHARAON ET CE DONT IL JOUIT NE VOUS EMERVEILLE PAS ! N'Y JETEZ PAS VOS REGARDS.***

***CE N'EST QU'UNE FLEUR DE LA VIE D'ICI-BAS ET L'ENJOLIVEMENT DES OPULENTS.*** *SI J'AVAIS VOULU VOUS EMBELLIR DES ORNEMENTS DE CE MONDE, PHARAON AURAIT APPRIS, EN LES REGARDANT, QUE L'EVALUATION DE SON OPULENCE EST TROP FAIBLE EN COMPARAISON AVEC CE QUE JE VOUS ACCORDE.*

- ***J'AURAIS ALORS AGI DANS CE SENS. CEPENDANT, JE NE DESIRE PAS CELA POUR VOUS ET JE VOUS EN ELOIGNE.***

***C'EST AINSI QUE J'AGIS AVEC MES SAINTS.*** *IL Y A LONGTEMPS QUE J'AI AFFAIBLI EN EUX CE PENCHANT. JE LES PROTEGE CONTRE CES DELICES ET SON CONFORT, COMME LE BERGER COMPATISSANT PROTEGE SON TROUPEAU DU PATURAGE DANGEREUX.*

- ***JE LES ECARTE DE CES DIVERTISSEMENTS, COMME LE BERGER COMPATISSANT ELOIGNE SES CHAMEAUX DES ENDROITS CONTAMINES PAR LA GALE.***

***JE N'AGIS PAS DE LA SORTE PARCE QU'ILS SONT SANS VALEUR AUPRES DE MOI,*** *MAIS PLUTOT, AFIN QU'ILS PRENNENT LA PART QUI LEUR REVIENT DE MA GENEROSITE COMPLETE ET COMBLEE, SANS QUE LA VIE D'ICI-BAS NE LA DIMINUE NI LES PASSIONS NE L'ENTACHENT.*

- ***SACHE QU'EN CE MONDE, MES ADORATEURS NE SONT PAS EMBELLIS VIS-A-VIS DE MOI D'UNE PARURE MEILLEURE QUE LE RENONCEMENT A CE BAS MONDE (AL ZUHD FI DONYA),***

***CAR C'EST LA PARURE DES GENS PIEUX.*** *C'EST UN VETEMENT GRACE AUQUEL ILS CONNAISSENT LA TOTALE QUIETUDE ET LE RECUEILLEMENT.*

- ***ILS ONT UNE MARQUE DISTINCTIVE SUR LEURS VISAGES,*** *OCCASIONNEE PAR LA PROSTERNATION.*

- ***CEUX-LA SONT VRAIMENT MES WALIS. QUAND TU LES RENCONTRES, MONTRE-TOI HUMBLE AVEC EUX ET DOMPTE TON CŒUR ET TA LANGUE DEVANT EUX.***

- ***SACHE QUE CELUI QUI OFFENSE UN WALI OU L'INTIMIDE*** *ENTRE EN BELLIGERANCE AVEC MOI ET, PRENANT L'INITIATIVE, IL ME LIVRE UN DUEL.*

***AINSI, IL M'OPPOSE SA PERSONNE ET M'APPELLE A ELLE.*** *QUANT A MOI, JE SUIS LE PLUS PROMPT A SECOURIR MES SAINTS.*

- *CELUI QUI ME COMBAT, PENSE-T-IL QU'IL ME REND IMPUISSANT ?*
- *OU CELUI QUI SE BAT EN DUEL CONTRE MOI, CROIT-IL QU'IL ME DEVANCERA OU ME SURPASSERA ?*
- *COMMENT POURRAIT-IL LE FAIRE ALORS QUE C'EST MOI LEUR VENGEUR EN CE MONDE ET DANS LA VIE DERNIERE ?*

***JE LEUR PROCURE LA VICTOIRE PAR MOI-MEME*** *ET JE NE CHARGE PERSONNE DE CETTE TACHE." »*

***'AIA IBN YASAR,*** *SUIVANT UNE CHAINE QUI REMONTE A* ***AHMAD****, A DIT :*

*«* ***MOÏSE*** *- QUE LA PAIX SOIT SUR LUI - A DIT :*

- ***"Ô SEIGNEUR !*** *QUELS SONT TES HOMMES (LES TIENS, AHLUKA) CEUX QUE TU ABRITES SOUS L'OMBRE DE TON TRONE ?"*

***IL DIT : "CE SONT :*** *CEUX DONT* ***LES MAINS SONT INNOCENTS*** *ET DONT* ***LES CŒURS SONT PURS,***

- *CEUX* ***QUI S'AIMENT MUTUELLEMENT EN MA MAJESTE****, CEUX* ***QUI, LORSQUE JE SUIS MENTIONNE, MA MENTION RAMENE LEUR MENTION****. ET* ***QUAND ILS SONT MENTIONNES LEUR MENTION RAMENE A MA MENTION.***

- *CEUX* ***QUI RENFORCENT (YUSBIGHUNA) LEURS ABLUTIONS*** *POUR LE MOINDRE MAKRUH (SALISSURE),*

- *CEUX* ***QUI SE REFUGIENT DANS MON INVOCATION,*** *DE LA MEME MANIERE QUE LES AIGLES SE REFUGIENT DANS LEUR TANIERE (NID),*

- *CEUX* ***QUI S'IMPLIQUENT ENTIEREMENT DANS MON AMOUR,*** *DE LA MEME MANIERE QUE L'ENFANT S'ASSUME ENTIEREMENT DANS L'AMOUR DES GENS,*

- *CEUX* ***QUI MANIFESTENT LEUR COLERE QUAND MES INTERDITS SONT RENDUS LICITES,*** *DE LA MEME MANIERE QUE LE TIGRE S'EXASPERE QUAND IL EST ATTAQUE."*

# *LES HÔTES DU PARADIS*

## *LA VISITE AU TOUT MISERICORDIEUX*

***ABU AL-HUSAYN 'ABD AL-HAQQ,*** *SUIVANT UNE CHAINE DE GARANTS REMONTANT A* ***ANAS IBN MALIK*** *A DIT QUE LE PROPHETE – QUE DIEU LUI ACCORDE LA GRACE ET LA PAIX - A TENU CES PROPOS :*

***« QUAND DIEU, LE GRAND, LE PUISSANT, FERA HABITER LES HOTES DU PARADIS AU PARADIS ET LES HOTES DU FEU AU FEU,*** *IL DESCENDRA AU PARADIS UNE FOIS, CHAQUE VENDREDI, TOUS LES SEPT MILLE ANS, SACHANT QUE, DES JOURS DE LA VIE DERNIERE,*

- *"UN JOUR AUPRES DE TON SEIGNEUR EQUIVAUT A MILLE ANS SELON VOS CALCULS."* ***(SOURATE 22, VERSET 47).***

***DONC, DIEU DESCENDRA DANS LE JARDIN DU PARADIS.*** *IL SERA DRESSE ENTRE LUI ET LES HOTES DU PARADIS, UN VOILE DE LUMIERE.* ***IL LEUR ENVERRA GABRIEL*** *- QUE LA PAIX ET LE SALUT SOIENT SUR LUI - POUR LEUR ORDONNER DE VENIR LUI RENDRE VISITE.*

***D'UN ENORME CONVOI SORTIRA UN HOMME,*** *ENTOURE DE CHAQUE COTE PAR LES AILES DES ANGES, LA LUMIERE JAILLISSANT DE LEURS MAINS ET FAISANT ENTENDRE LE SON DE LEUR GLORIFICATION.*

***TELLES DES MONTAGNES, LES HOTES DU PARADIS TENDRONT LEURS COUS POUR LE REGARDER ET DIRONT*** *: QUI EST CET HOMME A QUI DIEU A PERMIS UNE TELLE MANIFESTATION ?*

- ***C'EST, DIRONT LES ANGES, CELUI QUI A ETE PETRI DE SES MAINS, DANS LEQUEL A ETE INSUFFLE SON ESPRIT,*** *A QUI II A APPRIS LES NOMS, DEVANT LEQUEL LES ANGES SE SONT PROSTERNES ET AUQUEL IL A ETE PERMIS DE SEJOURNER AU PARADIS :*

- ***C'EST ADAM - QUE LA PAIX SOIT LUI - DIEU, GRAND ET PUISSANT, L'A AUTORISE A FAIRE CETTE ENTREE.*** *PUIS SORTIRA UN AUTRE HOMME, DANS UN CONVOI IDENTIQUE AU PREMIER, ENTOURE PAR LE SON DE LA GLORIFICATION DES ANGES ET PORTANT LA LUMIERE DEVANT LUI.*

***LES HOTES DU PARADIS TENDRONT LEURS COUS POUR LE REGARDER ET DIRONT*** *: QUI EST CET HOMME A QUI DIEU A PERMIS UNE TELLE MANIFESTATION ?*

- ***C'EST, DIRONT LES ANGES, CELUI QUI A ETE CHOISI AFIN DE COMMUNIQUER SA REVELATION,*** *ASSURER EN TOUTE SECURITE SON MESSAGE, ENVOYE AVEC SA PROPHETIE, DONT LE FEU, OU IL A ETE MIS, A ETE TRANSFORME EN FRAICHEUR :*

- ***C'EST ABRAHAM, L'AMI INTIME DU SEIGNEUR DES UNIVERS,*** *L'AMI INTIME DONT L'AMITIE N'A PAS EU DE PAREILLE APRES ELLE.*

***PUIS, SORTIRA ENCORE UN AUTRE HOMME DANS UN CONVOI SEMBLABLE AUX DEUX PREMIERS,*** *ENTOURE PAR LE SON DE LA GLORIFICATION DES ANGES ET DEVANCE PAR LA LUMIERE.*

***LES HOTES DU PARADIS TENDRONT LEURS COUS POUR LE REGARDER ET DIRONT*** *: QUEL EST CET HOMME QUE DIEU A CHOISI POUR LUI, L'A ENTOURE DE SON AMITIE, A AMOLLI POUR LUI LE ROC D'OU DES SOURCES ONT JAILLI,*

- ***FAIT DESCENDRE DU CIEL LA MANNE ET LE MIEL, PROTEGE, DE LA CHALEUR DU SOLEIL, PAR L'OMBRE D'UN NUAGE,*** *A QUI Il A FAIT TRAVERSER LE DESERT EN TOUTE SECURITE, LUI A REMIS LES PLANCHES OU ETAIENT INSCRITES TOUTES LES PRESCRIPTIONS ET LUI A PARLE DIRECTEMENT ?*

- ***C'EST MOÏSE IBN 'AMRAN.*** *DIEU LUI A PERMIS DE FOIRE UNE TELLE APPARITION.*

***PUIS SORTIRA UN HOMME SUR UN CONVOI SEMBLABLE A CELUI D'ADAM, D'ABRAHAM,*** *DE MOÏSE ET DE TOUS LES HOTES DU PARADIS. IL SERA ENTOURE PAR LE SON DE LA GLORIFICATION DES ANGES ET PORTERA LA LUMIERE DEVANT LUI.*

***LES HOTES DU PARADIS TENDRONT LEURS COUS POUR LE REGARDER ET DIRONT*** *: QUI EST CET HOMME A QUI DIEU A PERMIS UNE TELLE APPARITION ?*

- ***C'EST, DIRONT LES ANGES, CELUI QUI A ETE CHOISI AFIN DE COMMUNIQUER SA REVELATION, ASSURER EN TOUTE SECURITE SON MES SAGE, ET ENVOYE AVEC SA PROPHETIE, LE SCEAU DES ENVOYES ET DES PROPHETES,*** *DETENTEUR DE L'ETENDARD DE LA LOUANGE,*

- ***LE PREMIER POUR LEQUEL LA TERRE S'OUVRIRA, MAITRE DES FILS D'ADAM,*** *CELUI QUI A, DE TOUS LES PROPHETES, LE PLUS GRAND DES BASSINS, LA PLUS GRANDE DES MAISONS, LE PREMIER INTERCESSEUR ET LE PREMIER A INTERCEDER AUPRES DE DIEU.*

- ***C'EST AHMAD (MUHAMMAD) - QUE LA PAIX ET LE SALUT SOIENT SUR LUI.*** *DIEU LUI A PERMIS CETTE MANIFESTATION.*

***ENSUITE, CHAQUE PROPHETE SORTIRA, SUIVI DE SA COMMUNAUTE.*** *VIENDRONT APRES LES HOMMES VERIDIQUES, LES MARTYRS SELON LE DEGRE DE LEUR IMPORTANCE. ILS ENTOURERONT LE TRONE. DIEU LEUR DIRA AVEC LE DELICE DE SA VOIX ET LA DOUCEUR DE SON TON :*

- ***"BIENVENUE A MES SERVITEURS, MES CREATURES, MES MANDANTS, MES VISITEURS ET MES VOISINS."***

***LES ANGES SE LEVERONT.*** *ILS ETALERONT DEVANT LES PROPHETES DES CHAIRES DE LUMIERE, DEVANT LES VERIDIQUES DES LITS DE LUMIERE ET DEVANT LES MARTYRES DES SIEGES DE LUMIERE. TOUS LES GENS SERONT A LA PORTEE DE LA MAIN.*

***QUANT AUX ANGES, IL N'Y A RIEN DANS LE PARADIS QUI PUISSE ETRE MANGE ET BU.*** *CE SONT DES ETRES QUI ONT ETE CREES, EN CE MONDE ET DANS LA VIE DERNIERE, POUR ADORER DIEU. ILS SONT AVIDES DE GLORIFICATION COMME LES FILS D'ADAM SONT AVIDES DES CHOSES DE CE MONDE. LE CORAN DIT :*

- ***"TU VOIS LES ANGES ASSEMBLES AUTOUR DU TRONE, GLORIFIANT ET LOUANT LEUR SEIGNEUR." (SOURATE 39, VERSET 75).***

*PUIS DIEU, GRAND ET PUISSANT, DIRA :*

- ***"BIENVENUE A MES SERVITEURS, MES CREATURES, MES MANDANTS, MES VOISINS, MES VISITEURS. FAITES-LES MANGER."***

***IL SERA MIS DANS LES MAINS DES HOTES DU PARADIS SOIXANTE-DIX MILLE COUVERTS EN OR.*** *AUCUNE ASSIETTE N'AURA LA MEME COULEUR QUE L'AUTRE. CHACUNE D'ELLES CONTIENDRA DE LA VIANDE DE VOLAILLE, RESSEMBLANT A LA CHAIR DE CHAMEAU. ELLE SERA TENDRE COMME DU BEURRE.*

***SON ODEUR RAPPELLERA LE MUSC ET SA DOUCEUR LE GOUT DU MIEL.*** *CES VOLAILLES N'AURONT NI PLUMES, NI OS. AUCUN FEU NE LES AURA ATTEINTES, NI MEME UN MORCEAU DE FER. TOUS LES HOTES DU PARADIS MANGERONT. LE GOUT DES DERNIERS PLATS RESSEMBLERA AUX PREMIERS. ENSUITE, DIEU DIRA :*

- ***"BIENVENUE A MES SERVITEURS, MES CREATURES, MES MANDANTS, MES VISITEURS, MES VOISINS. MANGEZ ! FAITES-LES BOIRE MAINTENANT."***

***C'EST ALORS QUE SOIXANTE-DIX MILLE JEUNES HOMMES VIENDRONT VERS LES HOTES DU PARADIS.*** *ILS PORTERONT DANS LEURS MAINS DES RECIPIENTS EN ARGENT ET DES BROCS EN OR, CONTENANT UNE BOISSON AUSSI FRAICHE QUE LE FROID DE LA NEIGE. SON GOUT AURA LA DOUCEUR DU MIEL, SON ODEUR CELLE DU MUSC.*

***ELLE SERA MELANGEE A DU GINGEMBRE ET DU CAMPHRE, CACHETEE DE MUSC.*** *IL N'Y AURA PAS DEUX BOISONS DONT LA COULEUR RESSEMBLE L'UNE A L'AUTRE. CHACUN DES HOTES DU PARADIS LEVERA UN RECIPIENT A SA BOUCHE, L'EQUIVALENT DE QUARANTE JOURS.*

***ILS N'AURONT NI MAL DE TETE, NI ECOULEMENT DE SANG DE LEUR NEZ.*** *CE N'EST PAS COMME CES BOISSONS MEPRISABLES QUI FONT PERDRE LA RAISON, FONT TREMBLER LES JAMBES ET DONNENT DE LA MIGRAINE A FORCE D'EN BOIRE. ENSUITE, DIEU DIRA :*

- ***"BIENVENUE A MES SERVITEURS, MES CREATURES, MES MANDANTS, MES VISITEURS, MES VOISINS. MANGEZ DES FRUITS DU PARADIS."***

***LEURS POUSSES RESSEMBLENT AUX CIMES DES MONTAGNES,*** *LEUR INTERIEUR A DE GRANDES JARRES D'OU COULE UN LIQUIDE APPETISSANT ET AGREABLE, COMME LES DATTES MURES ET FRAICHEMENT CUEILLIES MENTIONNEES PAR DIEU A PROPOS DE MARIE.*

***YAZID AR-RAQQASHI*** *A DIT QUE L'HOMME CASSERA LA GRENADE ET QUE LES GRAINS TOMBERONT. À CE MOMENT, LES VISAGES DES HOMMES SERONT DISSIMULES LES UNS AUX AUTRES. PUIS DIEU DIRA :*

- ***"BIENVENUE A MES SERVITEURS, MES CREATURES, MES MANDANTS, MES VISITEURS, MES VOISINS. MANGEZ, BUVEZ ET SERVEZ-VOUS EN FRUITS DE CES ARBRES. HABILLEZ-VOUS-EN."***

***ARRIVES A UN ARBRE EN OR DONT LES BRANCHES SONT EN ARGENT ET D'OU POUSSENT UNE SOIE LEGERE*** *ET DES BROCARDS DORES, ILS VIENDRONT, VETUS D'HABITS NEUFS, BRILLANTS DE LA LUMIERE DU TRES MISERICORDIEUX ET CACHETES DE LA REVELATION. QUAND ILS LES AURONT PORTES, DIEU DIRA :*

- ***"BIENVENUE MES SERVITEURS, MES CREATURES, MES MANDANTS, MES VISITEURS, MES VOISINS. MANGEZ, BUVEZ, CUEILLEZ DES FRUITS ET HABILLEZ-VOUS. MAINTENANT, PARFUMEZ-VOUS."***

*C'EST ALORS QUE SOUFFLERA, DANS LE PARADIS, UN VENT APPELE AL-MUTHIRA QUI SOULEVERA DE GRANDES QUANTITES DE MUSC BLANC DEGAGEANT UNE FORTE ODEUR, QUI TOMBERONT SUR EUX A TRAVERS L'ARBRE, AU POINT DE MOUILLER LEURS VETEMENTS ET LEURS TURBANS. APRES QUOI, DIEU DIRA :*

- ***"BIENVENUE A MES SERVITEURS, MES CREATURES, MES MANDANTS, MES VISITEURS, MES VOISINS. MANGEZ, BUVEZ, SERVEZ-VOUS DES FRUITS ET PARFUMEZ-VOUS. PAR MA PUISSANCE, NOUS LEUR MONTRERONS MA FACE."***

***AINSI, LE SEIGNEUR DE LA PUISSANCE ET DE LA GLOIRE LEUR APPARAITRA.*** *IL LEUR DIA : «* ***QUE LA PAIX SOIT SUR VOUS O MES SERVITEURS !*** *REGARDEZ-MOI ! JE SUIS SATISFAIT DE CE QUE VOUS AVEZ FAIT. »*

- *GLOIRE A TOI ! GLOIRE A TOI ! GLOIRE A TOI !*

***LES REGARDS S'EMPLIRONT DE LA VISION DE LA FACE DU PUISSANT ET DU MAJESTUEUX.*** *ILS NE VERRONT PLUS RIEN D'AUTRE QUE LUI, CELUI- LA MEME QUI APPARUT A LA MONTAGNE ET LA BRISA EN MORCEAUX ET A MOÏSE QUI EN FUT FOUDROYE. AU JOUR DE LA RESURRECTION, TOUTE LA TERRE SERA SAISIE DE SA MAIN ET LES DEUX, A SA DROITE, PLOIERONT.*

***LA TERRE SERA ILLUMINEE PAR LA LUMIERE DE SA FACE, LUI LE BENI, LE TRES-HAUT.*** *LES HOTES DU PARADIS DEPRECIERONT LE PARADIS ET TOUT CE QUI S'Y TROUVE DES QU'ILS REGARDERONT DIEU, LE PUISSANT, LE MAJESTUEUX. ENSUITE, LE TRONE SERA PORTE VERS UN AUTRE GROUPE. C'EST AINSI QUE DIEU OPERERA CHAQUE VENDREDI. »*

# *LE PROPHETE ADAM*

## *LES TOURMENTS D'ADAM*

***WAHB IBN MUABBAH****, SUIVANT UNE CHAINE DE GARANTS REMONTANT A* ***ABU FATH MUHAMMAD IBN 'ABD AL-BAQI,*** *A DIT :*

- *« **ADAM** DEMEURA SEPT JOURS DANS L'ETAT D'INDIGNITE. PUIS, AU SEPTIEME JOUR, DIEU LE REHABILITA. IL SE TINT DEVANT LUI LA TETE BAISSEE, TRISTE ET ACCABLE PAR LE CHAGRIN. »*

***DIEU*** *LUI REVELA ALORS :*

- *« **Ô ADAM !** QU'EST-CE QUE CETTE LASSITUDE DANS LAQUELLE JE TE VOIS ? QU'EST-CE QUE CETTE MALHEUREUSE EPREUVE DONT LA CONSEQUENCE T'A CAUSE TANT DE PREJUDICES ET D'INFORTUNES ? »*

***IL*** *REPONDIT :*

- *« **Ô MON SEIGNEUR !** MON TERRIBLE MALHEUR EST DUR A SUPPORTER. MA FAUTE ME CERNE DE TOUS LES COTES. **JE SUIS SORTI DU ROYAUME DE MON SEIGNEUR.** JE ME TROUVE DANS **LA DEMEURE DE L'OPPROBRE** APRES AVOIR VECU DANS **LA DIGNITE**, ET DANS **LA DEMEURE DU TOURNENT** APRES AVOIR CONNU **LE BONHEUR**, DANS **LA DEMEURE DE LA DETRESSE** APRES AVOIR SUBSISTE DANS **LA SECURITE**, DANS **LA DEMEURE DE L'ERRANCE ET DE LA PERDITION** APRES AVOIR EPROUVE **LA STABILITE ET LA SERENITE**, DANS **LA DEMEURE DE L'ANEANTISSEMENT** APRES AVOIR SEJOURNE DANS **L'ETERNITE ET LA PERENNITE**, DANS **LA DEMEURE DE L'ILLUSION** APRES AVOIR ETE A **L' ABRI DE L'INSECURITE.** »*

- *« **Ô MON SEIGNEUR !** COMMENT, DANS CES CONDITIONS, NE PLEURERAIS-JE PAS MA FOUTE OU COMMENT MON AME NE SERAIT-ELLE PAS AFFLIGEE OU COMMENT EPROUVERAIS-JE CETTE DEVEINE ET CETTE ADVERSITE, O MON SEIGNEUR ? »*

***NE T'AVAIS-JE PAS CHOISI POUR MOI*** *ET RENDU LICITE MA DEMEURE ?*

- ***NE T'AVAIS-JE PAS PREFERE A MES AUTRES CREATURES*** *DISTINGUE PAR MA GENEROSITE ?*
- ***NE T'AVAIS-JE PAS ACCORDE MON AMOUR*** *ET PREMUNI CONTRE MA MALEDICTION ?*
- ***NE T'AVAIS-JE PAS FAÇONNE DE MA MAIN,*** *INSUFFLE EN TOI DE MON ESPRIT ET FAIT PROSTERNER DEVANT TOI MES ANGES ?*

- ***N'ETAIS-TU PAS MON VOISIN DANS LA VIE AISEE DE MA COMMUNAUTE,*** *JOUISSANT DE TOUTES LES COMMODITES DE MON PARADIS ET PROFITANT DE TOUT CE QUE TU VOULAIS DE MA GENEROSITE ?*

- ***MAIS TU AS DESOBEI A MON COMMANDEMENT,*** *OUBLIE MON PACTE ET NEGLIGE MA MISE EN GARDE. COMMENT PEUX-TU DESAPPROUVER MA VENGEANCE ? PAR* ***MA PUISSANCE*** *ET* ***MA MAJESTE****, SI J'AVAIS EMPLI LA TERRE D'HOMMES, TOUS IDENTIQUES A TOI, TRESSANT DES LOUANGES LA NUIT ET LE JOUR ET NE FORGEANT PAS DE MENSONGES ET, ENSUITE, S'ILS M'AVAIENT DESOBEIS, JE LES AURAIS RAVALES AU RANG DES SEDITIEUX.*

***CERTES, J'AI COMPATI A TA FAIBLESSE,*** *MINIMISE TON FAUX PAS, DICTE TON REPENTIR, ENTENDU TES SUPPLICATIONS ET PARDONNE TON PECHE. DIS :*

- ***"IL N'Y A DE DIEU QUE TOI, GLOIRE A TOI, LOUANGE A TOI, O SEIGNEUR !*** *J'AI ETE INJUSTE ENVERS MOI-MEME. J'AI FAIT LE MAL. ABSOUS- MOI CAR TU ES LE REPENTANT PAR EXCELLENCE, LE MISERICORDIEUX."* ***ADAM FIT CETTE DECLARATION.***

*SON SEIGNEUR LUI DIT ALORS :*

- *DIS :* ***"IL N'Y A DE DIEU QUE TOI, GLOIRE A TOI SEIGNEUR ET A TOI LA LOUANGE.*** *J'AI ETE INJUSTE ENVERS MOI-MEME. J'AI FAIT LE MAL. PARDONNE-MOI CAR TU ES LE PARDONNEUR PAR EXCELLENCE, LE MISERICORDIEUX."* ***ADAM REPETA CETTE PROFESSION.***

*ENSUITE, SON SEIGNEUR LUI DIT :*

- *DIS :* ***"IL N'Y A DE DIEU QUE TOI, GLOIRE A TOI, SEIGNEUR A TOI LA LOUANGE.*** *JE ME SUIS FAIT TORT A MOI-MEME. J'AI COMMIS UN MAL. AIE MOI EN TA MISERICORDE CAR TU ES LE PLUS MISERICORDIEUX DES MISERICORDIEUX."*

***LES PLEURS D'ADAM ETAIENT SI ABONDANTS ET SA TRISTESSE SI GRANDE*** *TANT ETAIT ENORME SON MALHEUR QUE LES ANGES FURENT AFFLIGES PAR SON CHAGRIN.* ***IL PLEURA LE PARADIS DURANT DEUX CENTS ANS.*** *PUIS, DIEU LUI ENVOYA UNE DES HUTTES DU PARADIS ET LA PLAÇA A L'ENDROIT DE LA KA'BA AVANT QU'ELLE NE SOIT CONSTRUITE.*

***SELON UNE AUTRE VERSION****, IL A DIT :*

- ***ADAM PLEURA PENDANT TROIS CENTS ANS.*** *DU HAUT DE LA MONTAGNE DE L'INDE, SES LARMES COULAIENT JUSQU'AU BAS DE SA VALLEE. DES ARBRES AGREABLES POUSSERENT A PARTIR DE LA SECRETION DE CES LARMES.*

- ***PUIS, ADAM QUITTA CES LIEUX ET SE DIRIGEA VERS LA MAISON ANTIQUE.*** *IL SE MIT EN MARCHE ET SUR LES EMPLACEMENTS DE SES PAS, DES HAMEAUX ET DES BATISSES SURGISSAIENT.*

- ***ENTRE LES UNS ET LES AUTRES, DES VALLEES ET DES DESERTS.*** *IL EN FUT AINSI JUSQU'A SON ARRIVEE A LA MAISON AUTOUR DE LAQUELLE IL TOURNA SEPT FOIS. IL PLEURA TANT QUE SES LARMES PARVINRENT JUSQU'A SES GENOUX.*

- ***PUIS, IL ACCOMPLIT LA PRIERE ET PLEURA ENCORE EN SE PROSTERNANT,*** *AU POINT QUE SES LARMES DEBORDERENT ET COULERENT SUR LA TERRE.*

*À CE MOMENT, IL FUT APPELE :*

- *« **Ô ADAM !** J'AI COMPATI A TA FAIBLESSE, J'AI ACCEPTE TON REPENTIR ET J'AI PARDONNE TES PECHES. »*

*DIS :*

- *"**IL N'Y A DE DIEU QUE TOI, GLOIRE A TOI, LOUANGE A TOI.** J'AI COMMIS UNE INJUSTICE ENVERS MOI-MEME. ABSOUS-MOI CAR TU ES LE REPENTANT PAR EXCELLENCE, LE MISERICORDIEUX. PARDONNE-MOI, CAR TU ES LE MEILLEUR DES PARDONNEURS. AIE-MOI EN TA MISERICORDE CAR TUES LE MEILLEUR DES MISERICORDIEUX."*

***APRES CELA, IL DEMEURA AINSI,*** *SANS CONNAITRE CE QUE SERAIT SON SORT, JUSQU'A L'ARRIVEE DE L'ANGE QUI LUI DIT :*

- ***« QUE DIEU TE DONNE LONGUE VIE O ADAM,*** *ET QU'IL TE DONNE LA PUISSANCE ! C'EST ALORS QU'ADAM RIT. »*

***IBN AS-SAMMAK*** *RACONTE SELON* ***UMAR IBN DHURR,*** *QUI LE TIENT DE MUJAHID, A DIT :*

***« LORSQUE ADAM - QUE LA PAIX SOIT SUR LUI - MANGEA DE L'ARBRE,*** *TOUS LES ORNEMENTS DU PARADIS, QU'IL PORTAIT SUR LUI, TOMBERENT UN A UN. DE CES PARURES, IL NE RESTAIT PLUS QUE LA COURONNE ET LE DIADEME. IL NE POUVAIT SE COUVRIR DES FEUILLES DU PARADIS QUE DE CELLES QUI TOMBAIENT SUR LUI. »*

***IL SE TOURNA VERS EVE ET LUI DIT EN PLEURANT :***

- ***PREPARE-TOI A QUITTER LE VOISINAGE DE DIEU*** *: C'EST LA LE PREMIER MAUVAIS AUGURE DE LA DESOBEISSANCE.*

- ***ADAM !*** *JE N'AI PAS CRU QUE QUELQU'UN POUVAIT JURER PAR DIEU ET MENTIR. C'EST QU'IBLIS LUI JURA SUR L'ARBRE.*

- ***QUANT A ADAM,*** *IL SE SAUVA, ROUGE DE HONTE DU SEIGNEUR DES UNIVERS.*

*DES BRANCHES D'UN ARBRE S'ACCROCHERENT A ADAM QUI CRUT ALORS QUE SON CHATIMENT ETAIT ARRIVE PRECIPITAMMENT. AUSSI, BAISSA-T-IL LA TETE EN DISANT :* ***PARDON ! PARDON ! DIEU, TOUT PUISSANT LUI DIT :***

- ***ADAM !*** *FUIS-TU DE MOI ?*
- ***QUE NON !*** *C'EST AU CONTRAIRE PAR PUDEUR, O MON MAITRE !*

***DIEU REVELA AUX DEUX ANGES :***

- *FAITES SORTIR* ***ADAM ET EVE*** *DE MON VOISINAGE CAR ILS M'ONT DESOBEI.*

***GABRIEL*** *- QUE LA PAIX SOIT SUR LUI - ENLEVA LA COURONNE DE LA TETE D'ADAM. QUANT A* ***MIKHAÏL***, *IL OTA LE DIADEME DE SON FRONT. QUAND ADAM DESCENDIT DU ROYAUME DE LA SAINTETE VERS LA DEMEURE DE LA FAIM ET DE LA FAMINE, IL PLEURA SA FAUTE PENDANT CENT ANS.*

***IL BAISSA SA TETE JUSQU'AUX GENOUX.*** *SES LARMES SE DEVERSERENT SUR LA TERRE D'OU POUSSERENT DES HERBES ET DES ARBRES, ET QUI MOUILLERENT TANT LE SOL QU'ILS LE CREUSERENT ET Y CREUSERENT DES TROUS PROFONDS.*

*AU MEME MOMENT, UN ENORME AIGLE ASSOIFFE PASSA DEVANT ADAM ET ETANCHA SA SOIF DE SES LARMES.* ***DIEU FIT PARLER CET AIGLE QUI DIT :***

- ***ADAM ! JE SUIS AVANT TOI DANS CETTE TERRE DEPUIS DEUX MILLE ANS.*** *JE L'AI SILLONNEE D'EST EN OUEST J'AI BU DES ENTRAILLES DE SES VALLEES, DES ROCAILLES DE SES MONTAGNES ET DES RIVAGES DE SES MERS. POURTANT, JE N'AI JAMAIS BU UNE EAU DONT L'ODEUR ETAIT AUSSI AGREABLE ET DOUCE QUE CETTE EAU.*

- ***MALHEUR A TOI O AIGLE ! COMPRENDS-TU CE QUE TU DIS*** *? OU TROUVES-TU LA DOUCEUR DE LA LARME D'UN SERVITEUR QUI A DESOBEI A SON SEIGNEUR, LARME COULANT SUR DEUX JOUES RECALCITRANTES ? Y A-T-IL PLUS AMER QU'UNE LARME D'UN SEDITIEUX ?*

    - *MAIS JE CROIS, O AIGLE, QUE TU TE MOQUES DE MOI ! CAR J'AI ENFREINT L'ORDRE DE MON SEIGNEUR. DES LORS, J'AI ETE RAMENE DE LA DEMEURE DE LA FELICITE VERS CELLE DE L'INFORTUNE ET DE L'INDIGENCE.*

- ***ADAM ! CE QUE J'AI DIT NE RELEVE PAS DE LA RAILLERIE.*** *C'EST SEULEMENT AINSI QUE J'AI TROUVE LE GOUT DE TES LARMES.*

    - *EN EFFET, QUE POURRAIT ETRE PLUS DOUX QUE LA LARME D'UN SERVITEUR QUI DESOBEIT A SON SEIGNEUR, PUIS RECONNAIT SON PECHE, LE CŒUR ROUGE DE HONTE, LE CORPS GAGNE PAR L'HUMILITE ET PLEURANT SA FAUTE PAR CRAINTE DE SON SEIGNEUR LE TOUT- PUISSANT ? »*

*L'IMAM AHMAD - QUE DIEU AIT SON AME - A RAPPORTE CE QUI SUIT :*

- ***« L'ARBRE QUE DIEU A INTERDIT A ADAM ET A SON EPOUSE*** *RESSEMBLE A DU FROMENT ET A POUR NOM :* ***AD-DA'ATU.*** *»*

# *LE PROPHETE (IBRAHIM) ABRAHAM*

## ***ABRAHAM ET LE BRASIER***

***L'IMAM ABU AL-HASAN,*** *SUIVANT UNE CHAINE DE GARANTS REMONTANT A* ***THANA BAKR,*** *A DIT :*

*«* ***LORSQUE ABRAHAM FUT JETE DANS LE FEU,*** *TOUTES LES CREATURES SE RENDIRENT AUPRES DE LEUR SEIGNEUR ET LUI DIRENT :*

- ***Ô SEIGNEUR ! TON AMI INTIME A ETE JETE DANS LE FEU.*** *DONNE-NOUS LA PERMISSION DE L'ETEINDRE. C'EST BIEN MON AMI INTIME ET IL N'Y A PAS SUR TERRE UN AUTRE AMI INTIME QUE LUI. JE SUIS SON SEIGNEUR ET IL N'A PAS D'AUTRE SEIGNEUR QUE MOI. S'IL VOUS APPELLE A SON SECOURS, ALLEZ A SON SECOURS ; SINON, LAISSEZ-LE.*

***L'ANGE DE LA PLUIE*** *VINT ENSUITE ET DIT :*

- ***SEIGNEUR ! TON AMI INTIME A ETE JETE DANS LE FEU.*** *DONNE-MOI LA PERMISSION D'ETEINDRE CE FEU DE MON EAU.* ***C'EST BIEN MON AMI INTIME ET IL N'Y A PAS SUR TERRE UN AUTRE AMI INTIME QUE LUI****. JE SUIS SON SEIGNEUR ET IL N'A PAS D'AUTRE SEIGNEUR QUE MOI. S'IL T'APPELLE A SON SECOURS, VA A SON SECOURS ; SINON, LAISSE-LE.*

***AINSI, LORSQU'ABRAHAM FUT JETE DANS LE FEU,*** *IL APPELA SON SEIGNEUR AU NOM DE LA PARENTE* ***D'ABU HILAL.***

- *C'EST ALORS QUE LE TOUT-PUISSANT DIT :* ***FEU ! SOIS FRAICHEUR ET PAIX EN FAVEUR D'ABRAHAM.*** *À LA SUITE DE QUOI, LE FEU SE REFROIDIT SUR TOUS LES HABITANTS DE L'ORIENT A L'OCCIDENT, ET AUCUN TROUPEAU NE FUT ABREUVE AVEC CETTE EAU DE PLUIE. »*

***ABU AL-FATH,*** *SUIVANT UNE CHAINE DE GARANTS REMONTANT A* ***ISHAQ IBN BASHAR,*** *A DIT :*

- *«* ***LORSQUE ABRAHAM*** *- QUE LA PAIX SOIT SUR LUI - FUT AMENE, QUE SES VETEMENTS LUI FURENT OTES, QU'IL FUT LIGOTE ET MIS DANS LA CATAPULTE, LES CIEUX, LA TERRE, LES MONTAGNES, LE SOLEIL, LA LUNE, LE TRONE DE DIEU, LES NUAGES, LE VENT ET LES ANGES PLEURERENT.*

*TOUS REPETAIENT :* ***Ô SEIGNEUR !*** *TON SERVITEUR BRULE. DONNE-NOUS LA PERMISSION DE LE DELIVRER.*

- *LE FEU DIT EN PLEURANT :* ***SEIGNEUR !*** *TU M'AS ASSERVI AU PROFIT DES FILS D'ADAM ET VOILA QUE TON SERVITEUR BRULE PAR MOI.* ***MON SERVITEUR EST POUR MOI UN SERVITEUR.*** *DANS MON AMOUR, IL Y A UNE PART DE SOUFFRANCE. MAIS S'IL M'INVOQUE, JE REPONDRAI A SON INVOCATION. LUI REVELA DIEU. »*

## LE RECIT DE L'IMMOLE

***LE CHEIKH ABU AL-'ABBAS,*** *SUIVANT UNE CHAINE DE GARANTS REMONTANT A* ***'ABD AR-RAHMAN IBN QUBAYDA*** *QUI LE TIENT DE SON PERE, A DIT :*

*« ABRAHAM FIT UN REVE :*

- ***"O ABRAHAM ! OFFRE TON FILS EN SACRIFIE !"*** *LA VISION EUT LIEU A LA MECQUE. ABRAHAM DIT : "QUE DIEU JETTE IBLIS DANS LA DECHEANCE ! IL VEUT ME SEDUIRE."*

*IL SE LEVA ET PRIA JUSQU'AU MATIN. LA NUIT SUIVANTE, IL FIT LE MEME REVE. LA TROISIEME NUIT, ALORS QU'IL ETAIT EVEILLE, IL ENTENDIT UN APPEL :*

- ***"Ô ABRAHAM !*** *CE N'EST PAS IBLIS QUI T'ORDONNE L'OBEISSANCE A TON SEIGNEUR. LEVE-TOI ET EXECUTE CE QUE JE T'AI COMMANDE." »*

*A PROPOS D'ISAAC, D'APRES* ***KA'B AL-AHBAR,*** *LE RECIT SE POURSUIT AINSI :*

- ***« AU MATIN, L'ENFANT DIT A SA MERE : "LAVE-MOI LA TETE."*** *C'EST CE QU'ELLE FIT, PUIS ELLE L'HABILLA ET POMMADA SES CHEVEUX. LA MERE DIT :* ***"O MON FILS ! PRENDS LE COUTEAU A GRANDE LAME ET UNE CORDE ET PARTEZ." »***

***SA'D,*** *EN DEHORS DU RECIT DE* ***KA'B,*** *A DIT :*

***« IBLIS S'EST DIT QU'IL ALLAIT SAISIR L'OCCASION QUI LUI ETAIT OFFERTE AU SUJET D'ABRAHAM,*** *ET SE PRESENTER A LUI SOUS LA FORME D'UN VIEILLARD. IL LUI DIT :*

- ***ABRAHAM !*** *OU VAS-TU AINSI ?*
- *J'AI UNE AFFAIRE A REGLER DANS LE DEFILE DE CETTE MONTAGNE.*
- *JE VOIS SATAN SE SUBSTITUER A TOI ET T'ORDONNER D'EGORGER TON FILS.*

***MAIS ABRAHAM*** *RECONNUT LE* ***DIABLE*** *:*

- ***ELOIGNE-TOI DE MOI ! MALHEUR A TOI !*** *JE JURE PAR DIEU QUE ('EXECUTERAI L'ORDRE DE MON SEIGNEUR.*

***QUAND L'ENNEMI DE DIEU DESESPERA DE CONVAINCRE ABRAHAM,*** *IL ALLA VERS ISAAC ET LUI DIT :*

- *OU VAS-TU AVEC TON PERE DANS CE DEFILE DE LA MONTAGNE ?*
- *JE VAIS AVEC LUI POUR REGLER UNE AFFAIRE.*
- *NE SAIS-TU PAS QU'IL VEUT D'IMMOLER ?*
- *MALHEUR A TOI ! AS-TU VU UN PERE EGORGER SON FILS ?*

*AYANT REÇU UNE REPONSE AFFIRMATIVE, IL EN DEMANDA LA RAISON.*

- *IL PRETEND, LUI DIT-IL, QUE DIEU LUI ORDONNA CELA.*
- *QU'IL FASSE DONC CE QUE SON SEIGNEUR LUI COMMANDE.*
- *IL A ENTENDU ET IL A OBEI.*

***VOYANT QUE SA TENTATIVE ECHOUAIT AUPRES DE L'ENFANT,*** *SATAN SE RENDIT CHEZ SA MERE ET LUI DIT :*

- *SAIS-TU OU VA TON FILS AVEC SON PERE ?*
- *DANS CE DEFILE DE LA MONTAGNE POUR RESOUDRE UNE AFFAIRE.*
- *IL NE VA AVEC LUI QUE POUR LE SACRIFIER.*

***QUE NON !*** *IL EST LE PLUS DEMENT ENVERS LUI ET LUI VOUE LE PLUS GRAND AMOUR. IL PRETEND QUE DIEU LUI ORDONNE D'AGIR DE LA SORTE.*

- *SI C'EST SON SEIGNEUR QUI LUI COMMANDE DE LE FAIRE, QU'IL SE SOUMETTE ALORS A SON ORDRE. L'ENNEMI DE DIEU S'EN RETOURNA, CONTRARIE. »*

***ISAAC****, SELON* ***ABU ILYAS ET WAHB,*** *DIT :*

*« NOUS PARTIMES JUSQU'A ATTEINDRE LE DEFILE DE* ***LA MONTAGNE DE MINA*** *ET LES HABITANTS DE* ***YATHRIB (MEDINE).***

- ***ABRAHAM DIT :*** *"DESCENDS O MON FILS ! J'AI VU EN SONGE QUE JE DOIS T'IMMOLER. QU'EN PENSES-TU ?"*

***LA PEUR SE DESSINA SUR LE VISAGE DE L'ENFANT ET SES MEMBRES TREMBLERENT*** *AU MOMENT OU SON PERE S'EMPRESSA D'AGIR. IL DIT :*

- ***PERE !*** *FAIS CE QUI T'A ETE ORDONNE DE FAIRE. TU ME TROUVERAS, SI DIEU VEUT, AU NOMBRE DES PATIENTS.*

- ***Ô MON FILS !*** *JE VOIS LA PEUR SUR TON VISAGE ET LE TREMBLEMENT DE TES MEMBRES.*

- ***Ô PERE !*** *MON SEIGNEUR SE SUBSTITUE A TOI ET LE PARADIS REMPLACE CE MONDE. SI MON SEIGNEUR T'A COMMANDE D'AGIR AINSI, C'EST PARCE QU'IL A AGREE POUR MOI CE QU'IL A DE MEILLEUR POUR MOI. EXECUTE L'ORDRE DE TON SEIGNEUR.*

- ***TOUTEFOIS, O PERE !*** *ATTACHE MES MAINS ET MES PIEDS AFIN QUE JE NE PUISSE PAS LES RETIRER SOUS L'EFFET DE LA CHALEUR DE LA LAME ET QUE MON SANG NE GICLE PAS SUR TOI.*

- ***Ô PERE !*** *ENSEVELIS-MOI DANS TON HABIT ET REMETS MES VETEMENTS A MA MERE AFIN QU'ELLE RESPIRE MON ODEUR ET PUISSE MIEUX SE CONSOLER.*

***ABRAHAM LIGOTA LES MAINS ET LES PIEDS DE SON FILS.*** *IL AIGUISA LA LAME DU COUTEAU ET S'ASSIT PRES DE LA TETE DE SON ENFANT. IL DIT ALORS :*

- ***Ô DIEU ! À TOI LA LOUANGE DANS LE TEMPS ETERNEL.*** *TU M'AS DONNE UN ENFANT ALORS QUE J'ETAIS UN VIEILLARD. TU M'AS FAIT UNE PROMESSE ET TU NE FAILLIS PAS A TES PROMESSES.*

- ***TU M'AS EPROUVE PAR CE MALHEUR.*** *SI CELA T'AGREE, JE ME SOUMETS A TON ORDRE. SI CELA RELEVE DE TON COURROUX CONTRE MOI, JE TE DEMANDE PARDON ET JE ME REPENS ENVERS TOI.*

*LES ANGES PLEURERENT ILS DIRENT :*

- ***VOILA UN PROPHETE AU VISAGE EPROUVE PAR LE MALHEUR EN VOULANT EGORGER SON FILS.*** *EN ALLANT SACRIFIER SON ENFANT, IL TOURNA LE FRONT DE CE DERNIER DE MANIERE A NE PAS REGARDER SON VISAGE, ET A NE PAS S'AFFLIGER. PUIS, IL PLAÇA LA LAME SOUS SON MENTON ET S'EXECUTA.*

***LE COUTEAU GLISSA ET SE REPLIA.*** *ALORS, IL L'AIGUISA. IL SE GARDA DE REGARDER LE VISAGE DE SON FILS. PUIS IL LUI FIT ENTRER LA LAME DANS LE GOSIER ; ELLE GLISSA ENCORE UNE FOIS ET S'EMOUSSA. DIEU LA FIT RETOURNER DANS LA MAIN D'ABRAHAM, PUIS L'EN RETIRA. À CE MOMENT, ABRAHAM ENTENDIT CET APPEL :*

- ***Ô ABRAHAM !*** *TU AS PRETE FOI A TA VISION. IMMOLE DONC CE QUI SE TROUVE DERRIERE TOI. IL SE RETOURNA ET VIT UN BELIER GRISATRE DOTE DE CORNES. IL ABANDONNA ISAAC, TOUJOURS LIE, ET SUIVIT LE BELIER. »*

***IBN 'ABBAS*** *A RAPPORTE CE QUI SUIT :*

***« ABRAHAM ABANDONNA SON FILS TEL QU'IL ETAIT LIGOTE ET POURSUIVIT LE BELIER***. *IL JETA SUR LUI* ***SEPT CAILLOUX.*** *PUIS* ***IL LE PERDIT DE VUE***, *MAIS* ***IL LE RATTRAPA PRES DE LA GRANDE PIERRE*** *ET LANÇA SUR LUI* ***SEPT AUTRES CAILLOUX.*** *ENFIN, IL S'EN EMPARA ET LE CONDUISIT AU* ***LIEU DE L'IMMOLATION DE MINA OU IL L'EGORGEA***. *»*

***WAHB*** *A DIT : «* ***GABRIEL*** *SURVINT, LIBERA* ***ISAAC*** *DE SES LIENS ET LUI DIT :*

***DIEU LE TRES-HAUT*** *TE DIT : "JE ME DOIS DE REPONDRE A UNE DE TES INVOCATIONS EN RAISON DE TA PATIENCE."*

- *Ô SEIGNEUR ! JE TE DEMANDE DE PARDONNER A TOUS CEUX QUI SONT MORTS SANS RIEN T'ASSOCIER.*

*LORSQU'ABRAHAM REVINT AUPRES DE SON FILS, IL LUI DEMANDA :*

- ***Ô MON FILS !*** *QUI T'A LIBERE ?*
- ***C'EST UN HOMME.***

*IL LUI FIT SA DESCRIPTION, LUI RAPPORTA CE QU'IL LUI AVAIT DIT ET CE QU'IL LUI AVAIT DEMANDE. TU COMPTES AU NOMBRE DES HEUREUX, DIT* ***ABRAHAM****.*

*A CE MOMENT, UN APPEL LEUR PARVINT DU CIEL :*

- ***ABRAHAM ! O LE PLUS VERIDIQUE DES VERIDIQUES ! O ISAAC ! O LE PLUS PATIENT DES PATIENTS !*** *JE VOUS AI, SOUS MON REGARD, MIS A L'EPREUVE. VOUS VOUS ETES MONTRES PATIENTS. SI J'AI AGI AVEC VOUS DE LA SORTE, C'EST POUR VOUS FAIRE ATTEINDRE LE HAUT RANG ET LES HAUTS DEGRES DU PARADIS AUXQUELS VOUS N'ETIEZ PAS PREPARES ET, EN CE MONDE, FAIRE DE VOUS UNE PAROLE DE VERITE, UN EXEMPLE DE FIDELITE AUX AUTRES. C'EST AINSI QUE NOUS RECOMPENSONS LES BIENFAISANTS. »*

***LE CHEIKH ABU AL-MA'ALI 'ABD ALLAH,*** *SUIVANT UNE CHAINE DE GARANTS REMONTANT A* ***KHALID IBN SAFWAN IBN AL-AHTAMM,*** *A DIT :*

***« YUSUF IBN 'UMAR*** *ME DEPECHA, DANS* ***UNE DELEGATION EN IRAK****, AUPRES DE* ***HISHAM IBN 'ABD AL-MALIK ULK.*** *JE ME SUIS PRESENTE A LUI. IL SORTIT ALORS EN TETE, SUIVI DE SES PARENTS, DES MEMBRES DE SA FAMILLE ET DE CEUX DE SON ENTOURAGE. IL FIT HALTE DANS UN BAS-FOND VASTE, MAIS DONT L'EAU ETAIT PEU PROFONDE.*

***LA TERRE S'ETAIT EMBELLIE D'UNE VARIETE DE PLANTES AUX COULEURS PRINTANIERES ECLATANTES.*** *C'ETAIT LA PLUS BELLE VUE ET LA PLUS BELLE HALTE DE LA SURFACE DE LA TERRE. SA TERRE RESSEMBLAIT A DES PARCELLES DE CAMPHRE. SI UN DE SES MORCEAUX ETAIT JETE, IL NE SE TRANSFORMERAIT PAS EN POUSSIERE. DES BATISSES EN PIERRES DURES Y ETAIENT DRESSEES.*

***YUSUF IBN UMAR LES LUI AVAIT APPORTEES DU YEMEN.*** *IL Y AVAIT LA DE GRANDES TENTES OU S'ETALAIENT* ***QUATRE TAPIS EN SOIE ROUGE****. LES GENS PRIRENT PLACE. J'AI FAIT SORTIR MA TETE D'UN COTE DE LA TABLE.* ***IL ME REGARDA A LA FAÇON D'UN INQUISITEUR.*** *JE LUI AI DIT :*

- ***QUE DIEU COMPLETE SUR TOI SON BIENFAIT,*** *O EMIR DES CROYANTS, ET QUE PAR SA GRATITUDE II TE LE RENDE LICITE.*

- ***QU'IL METTE EN CE QU'IL T'A CONFIE LE BON SENS ET LA PAIX****, QUE DE CE QUE TU POURSUIS RESULTE LA PURE GRATIFICATION CONTINUELLE ET LA CROISSANCE INFINIE.*

- ***QUE CE QUI EST LIMPIDE EN TOI NE SOIT PAS ALTERE*** *ET QUE LA PEINE NE SE MELANGE PAS A TA JOIE !*

***TU AS REDONNE CONFIANCE AUX MUSULMANS ET TU ES DEVENU POUR EUX LE LUMINAIRE*** *QUI LES GUIDE DANS LEURS AFFAIRES ET QUI LES CONDUIT A TOI POUR TE DEMANDER ASSISTANCE QUAND ILS SUBISSENT UNE INJUSTICE, JE NE TROUVE PAS :*

- ***EMIR DES CROYANTS*** *- QUE DIEU TE FASSE VIVRE AU PRIX DE MA VIE - UNE CHOSE PLUS EQUITABLE DANS LA JUSTICE QUE TU RENDS ET PLUS RESPECTABLE QUE TON ASSEMBLEE.*

- ***IL M'EST AGREABLE D'ASSISTER A TES REUNIONS ET DE REGARDER TON VISAGE*** *AFIN QUE JE TE MENTIONNE POUR QUE DIEU TE COUVRE DE SON BIENFAIT ET STIMULER SA GRATITUDE.*

- ***JE NE TROUVE PAS, O EMIR DES CROYANTS,*** *DE CHOSE PLUS ELOQUENTE QUE LE RECIT D'UN DES ANCIENS ROIS.*

***SI L'EMIR DES CROYANTS ME LE PERMET,*** *JE LUI RACONTERAI SON HISTOIRE. IL ETAIT ACCOUDE. IL SE RELEVA ALORS ET S'ASSIT. PUIS IL DIT : RACONTE, O IBN AL-AHTAM.*

- ***Ô EMIR DES CROYANTS !*** *IL Y AVAIT UN ROI PARMI LES ROIS QUI T'ONT PRECEDE, QUI PARTIT, UNE ANNEE COMME LA NOTRE, AU KHAWRANAQ ET AU SADIR, SUIVI DE SA FAMILLE. LA TERRE S'ETAIT EMBELLIE D'UNE VARIETE DE PLANTES AUX COULEURS PRINTANIERES ECLATANTES.*

- ***C'ETAIT LA PLUS BELLE VUE ET LA PLUS BELLE HALTE DE LA SURFACE DE LA TERRE.*** *SA TERRE RESSEMBLAIT A DES PARCELLES DE CAMPHRE. SI UN DE SES MORCEAUX ETAIT JETE, IL NE SE TRANSFORMAIT PAS EN POUSSIERE.*

***CE ROI AVAIT REÇU LE DON DE LA JEUNESSE AVEC CELUI DE L'ABONDANCE, DE LA FORCE ET DE LA PREDOMINANCE.*** *UN JOUR, IL SE MIT A REFLECHIR PROFONDEMENT PUIS DIT A CEUX DE SON ENTOURAGE :*

- *A QUI APPARTIENT TOUT CELA ?*
- *VOUS VOYEZ LES BIENFAITS DANS LESQUELS JE ME TROUVE ?*
- *CONNAISSEZ-VOUS DES GENS QUI POSSEDENT DE PAREILLES FAVEURS ?"*

***OR, IL Y AVAIT AVEC LUI UN HOMME PARMI LES PARTISANS DE LA VERITE ET DE L'ARGUMENT.*** *ET CERTES, LA TERRE NE SE VIDERA JAMAIS DES HOMMES QUI SONT CHARGES DE TEMOIGNER FACE AUX GENS AVEC L'ARGUMENT D'ALLAH. CET HOMME S'ADRESSA ALORS AU ROI ET LUI DIT :*

- ***"Ô ROI !*** *TU VIENS DE POSER UNE QUESTION ET, SI TU ME PERMETS, JE VOUDRAIS T'Y REPONDRE.*

***LE ROI L'AUTORISA A PARLER.*** *IL LUI DIT ALORS :*

- ***"TU VOIS TOUS LES BIENFAITS DANS LESQUELS TU TE TROUVES ?*** *SONT-ILS DE BIENFAITS DANS LESQUELS TU TE TROUVES DEPUIS TOUJOURS, OU BIEN DES BIENFAITS QUI SONT ARRIVES A TOI PAR HERITAGE D'UN AUTRE ET QUI VONT ECHOIR A UN AUTRE QUE TOI COMME ILS ONT ECHU A TOI PAR HERITAGE ?"*

***LE ROI LUI REPONDIT :*** *"C'EST BIEN ÇA." LE SAGE REPRIT :*

- ***"JE VOIS ALORS QUE TU ES EMERVEILLE DEVANT DES CHOSES EPHEMERES*** *DONT TU PROFITERAS PEU ET QUE TU LAISSERAS PENDANT LONGTEMPS AVANT D'EN ETRE HYPOTHEQUE LE JOUR DE LA RESURRECTION."*

***LE ROI LUI DIT ALORS :*** *"MALHEUR A TOI ! OU EST LE SALUT ET OU EST LE REFUGE ?" IL LUI REPONDIT :*

- ***"SOIT TU GOUVERNES DANS TON ROYAUME AVEC L'OBEISSANCE ENVERS ALLAH*** *DANS CE QUI TE REJOUIS ET CE QUI T'ATTRISTE, CE QUI T'APPORTE DES AVANTAGES ET CE QUI TE FAIT DU TORT, SOIT TU ABANDONNES TA COURONNE ET TU T'HABILLES EN HAILLONS ET EN GUENILLES, ET TU TE REFUGIES SUR CETTE MONTAGNE POUR ADORER TON SEIGNEUR JUSQU'A CE QU'ARRIVE TON TERME !".*

*LE ROI LUI DIT :*

- *"REVIENS ME VOIR A LA POINTE DU JOUR ET JE TE DIRAI QUELLE PROPOSITION JE VAIS CHOISIR. SI JE CHOISIS LA PREMIERE PROPOSITION, TU SERAS POUR MOI UN MINISTRE OBEI, ET SI JE CHOISIS LA DEUXIEME PROPOSITION, TU SERAS POUR MOI UN COMPAGNON INSEPARABLE."*

- *À LA POINTE DU JOUR, LE SAGE ALLA VOIR LE ROI ET IL VIT QU'IL AVAIT ABANDONNE SA COURONNE ET MIS DES HAILLONS ET DES GUENILLES EN SE PREPARANT POUR L'ERRANCE A LA QUETE DE LA VERITE.*

***IBN EL-AHTAMM*** *AJOUTA :*

- ***PAR ALLAH,*** *ILS RESTERENT SUR LE SOMMET DE LA MONTAGNE, JUSQU'A CE QUE LE TERME DE LEUR VIE ARRIVE.*

***HICHAM*** *PLEURA ALORS AU POINT DE MOUILLER SA BARBE ET SON TURBAN, PUIS IL ORDONNA QU'ON DEMONTE LES TENTES ET QU'ON RAMENE SES PROCHES, SA FAMILLE, SES DIGNITAIRES ET TOUTE SA COUR AU PALAIS. IL S'ISOLA ENSUITE DANS SON PALAIS ET RESTA LONGTEMPS SANS EN SORTIR.*

*LES DIGNITAIRES DE SA COUR ALLERENT ALORS CHEZ* ***KHALED IBN SEFOUANE IBN EL-ATHTAMM*** *ET LUI DIRENT :*

- ***QU'AS-TU CONTRE L'EMIR DES CROYANTS ?*** *TU LUI AS FAIT PERDRE SON PLAISIR ET TU L'AS EMPECHE DE SORTIR A LA CAMPAGNE !*

*IL LEUR REPONDIT :*

- *« LAISSEZ-MOI, CAR J'AI FAIT LE SERMENT DEVANT ALLAH DE DIRE CELA A TOUT ROI QUE JE RENCONTRERAI ! »*

# *LE PROPHETE (DAWÛD) DAVID*

## ***LA FAUTE DE DAVID***

***ABU AL-HASAN 'ALI,*** *SUIVANT UNE CHAINE DE GARANTS REMONTANT A* ***YUNAS IBN KHABBAB,*** *A DIT :*

*«* ***DAVID - QUE LA PAIX SOIT SUR LUI*** *- SE PROSTERNA PENDANT* ***QUARANTE JOURS*** *AU POINT QUE DE* ***LA VERDURE POUSSA A PARTIR DES LARMES*** *DE SES YEUX. A LA FIN DE QUOI, IL DIT :*

- ***SEIGNEUR !*** *LA TERRE S'EST COUVERTE DE VEGETATION ET LES LARMES CESSERENT DE COULER. POURTANT LA FAUTE DE DAVID DEMEURE TELLE QU'ELLE. JE ME LAMENTE SUR MON SORT BOULEVERSE ET QUE M'IMPORTE LA VERDURE LA-BAS.*

- ***DAVID !*** *SI TU ES ASSOIFFE, TA SOIF SERA ETANCHEE, SI TU AS FAIM, TU SERAS NOURRI, ET SI TU ES VICTIME D'UNE INJUSTICE, CELLE-CI SERA REPAREE, LUI FUT-IL REVELE. APRES CELA, DIEU LUI ACCORDA SON PARDON. »*

***AHMAD,*** *SUIVANT UNE CHAINE DE GARANTS REMONTANT A* ***ISMA'Ü IBN ABI JABIR*** *A DIT :*

***« DAVID ETAIT BLAME A CAUSE DE SES ABONDANTES LARMES.*** *IL DISAIT :*

- *LAISSEZ-MOI PLEURER AVANT LE JOUR DES LARMES, AVANT L'INCINERATION DES OS ET L'EMBRASEMENT DE L'ANATHEME QUI ME COUVRIRA, ET AVANT QU'IL NE SOIT ORDONNE AUX ANGES DE ME CHATIER SEVEREMENT, CAR ILS NE DESOBEISSENT PAS AUX ORDRES DE DIEU ET S'ACQUITTENT DE CE QU'IL LEUR COMMANDE DE FAIRE. »*

***WATHABA 'ABD AS-SAMAD,*** *SUIVANT UNE CHAINE DE GARANTS REMONTANT A* ***THANA SHAHR IBN HAWSH,*** *A DIT :*

*«* ***DAVID - QUE LA PAIX SOIT LUI*** *- AVAIT POUR HABITUDE DE SE LAMENTER A HAUTE VOIX. IL S'ELANÇA SUR LA ROUTE JUSQU'A ATTEINDRE LA MER ET DIT :*

- ***Ô MER ! JE FUIS VERS LE SEIGNEUR ET JE FAIS UN REQUERANT DONT LA REQUETE N'EST PAS SATISFAITE.*** *TRANSFORME-MOI EN UNE GOUTTE DE TON EAU, OU EN UNE DE CES BETES QUE TU PORTES EN TOI, OU EN UNE DE TES TERRES OU ENCORE EN UN DE TES ROCHERS.*

- ***TOI LE FAYARD DU REQUERANT QUI NE SATISFAIT PAS SA REQUETE !*** *RETOURNE D'OU TU VIENS. IL N'Y A RIEN QUI N'APPARAISSE DE MOI SANS QUE DIEU NE LE VOIE, NE LE COMPTABILISE ET NE LE DENOMBRE AVEC PRECISION. JE NE PEUX DONC RIEN REALISER DE CE QUE TU ME DEMANDES DE FAIRE.*

***PUIS DAVID S'ELANÇA DE NOUVEAU*** *ET ARRIVA DEVANT UNE MONTAGNE. IL LUI DIT :*

- ***MONTAGNE ! JE FAIS UN REQUERANT QUI NE SATISFAIT PAS SA REQUETE.*** *TRANSFORME-MOI EN UNE DE TES PIERRES, OU EN UNE DE TES TERRES, OU EN ROCHER, OU ENCORE EN UNE DENT CONTENUE DANS TES ENTRAILLES.*

- ***TOI LE SERVITEUR FUYANT DU REQUERANT QUI NE SATISFAIT PAS SA REQUETE !*** *IL N'Y A RIEN QUI NE SOIT PAS VU PAR DIEU LE TOUT-PUISSANT ET QUI NE LE REGARDE. IL A TOUT COMPTABILISE ET DENOMBRE AVEC PRECISION. JE NE SUIS PAS EN MESURE D'EXECUTER CE QUE TU ME DEMANDES DE FAIRE.*

***ENSUITE, DAVID S'EN ALLA VERS LA TERRE*** *OU LE SABLE ETAIT DISSEMINE. IL LUI DIT :*

- ***TOI LE SABLE !*** *CHANGE-MOI EN UNE DE TES TERRES, OU EN UN DE TES ROCHERS, OU ENCORE EN UNE DENT ENFERMEE DANS TES ENTRAILLES.*

*DIEU REVELA AU SABLE DE REPONDRE DE CETTE FAÇON :*

- ***Ô TOI LE SERVITEUR FUYANT DU REQUERANT QUI NE SATISFAIT PAS SA REQUETE,*** *RETOURNE D'OU TU VIENS ET PARTAGE TES ACTES EN DEUX PARTIES, L'UNE FAITE DE DESIRS ET L'AUTRE DE CRAINTES. NI L'UNE NI L'AUTRE DE CELLE QUE DIEU PRENDRA EN CONSIDERATION, NE TE VIENDRA A L'ESPRIT. »*

***ABU AL-HUSAYN,*** *SUIVANT UNE CHAINE DE GARANTS REMONTANT A* ***WAHB IBN MUABAH,*** *A DIT :*

- ***« LORSQUE DAVID - QUE LA PAIX SOIT SUR LUI - COMMIT LA FAUTE,*** *IL SE MIT A PARCOURIR LES TERRES FERMES EN PLEURANT, ET AVEC LUI SE LAMENTAIENT LES BETES SAUVAGES. PUIS, IL REVENAIT VERS LES FILS D'ISRAËL, IL RECOMMENÇAIT A PLEURER, ET EUX LARMOYAIENT AVEC LUI.*

- ***ENSUITE, IL RETOURNAIT VERS LES MEMBRES DE SA FAMILLE ET LA IL PLEURAIT ENCORE ET EUX VERSAIENT LEURS LARMES AVEC LUI.***

- ***LORSQU'IL VIT QUE RIEN NE SE PRODUISAIT,*** *IL TOMBA PROSTERNE ET PLEURA DE NOUVEAU AU POINT QUE DE SES LARMES POUSSERENT DES PLANTES POTAGERES. PUIS, IL ECLATA SI FORT EN LARMES QUE LE LUTH PRIT FEU A CAUSE DE SES SANGLOTS.*

*C'EST ALORS QU'IL FUT APPELE :*

- ***Ô DAVID !*** *SI TU ES VICTIME D'UNE INJUSTICE, CELLE-CI SERA REPAREE. SI TU ES DEVETU, TU SERAS VETU. SI TU ES ASSOIFFE, TA SOIF SERA ETANCHEE. SI TU AS FAIM, TU SERAS NOURRI.*

- ***DELIVRE-MOI DE MA FAUTE ET QUE RIEN DE CELA NE SE REPRODUISE.*** *IL SE MIT, A LA FIN DE SES PLEURS, A GEMIR, EN SE TENANT PROSTERNE. PUIS SA VOIX S'INTERROMPIT. IL N'ENTENDAIT PLUS QU'UN SEMBLANT DE GEMISSEMENT ASSOURDI. À LA SUITE DE QUOI, IL FUT ABSOUS. »*

***MUHAMMAD IBN AL-HUSAYN,*** *SUIVANT UNE CHAINE DE GARANTS REMONTANT A* ***NAWF ASH-SHAMI,*** *A DIT :*

*«* ***LORSQUE DAVID COMMIT LA FAUTE, IL SE MIT A PLEURER,*** *ACCOMPAGNE DES FILS D'ISRAËL DANS SES PLEURS. PUIS, IL PARCOURUT LES TERRES FERMES ET PLEURAIT DEVANT LES BETES SAUVAGES QUI, A LEUR TOUR, PLEURAIENT EN MEME TEMPS QUE LUI.*

***IL S'ARRETA DEVANT LE VOLATILE QUI REPONDIT EGALEMENT A SES LARMES PAR DES PLEURS.*** *PUIS, SA FAUTE L'OPPRESSA ET SE REPANDIT DANS LES MONTAGNES. IL LANÇA ALORS CET APPEL :*

- ***MON SEIGNEUR !*** *C'EST VERS TOI QUE JE FUIS A CAUSE DE L'ENORMITE DE MA BLESSURE. IL DEMEURA DANS CET ETAT JUSQU'AU SOIR ET RETOURNA DANS SA FAMILLE.*

- *IL ENTRA DANS LA CHAMBRE OU IL PRATIQUAIT SON CULTE. LA, IL PRIA ET, PROSTERNE, IL CONTINUA A PLEURER.* ***UN DE SES ENFANTS, EN BAS AGE, VINT LE VOIR ET LUI DIT*** *: LA NUIT A FAIT IRRUPTION ET LES JEUNEURS ONT ROMPU LEUR JEUNE.*

- ***MON FILS ! TON PERE N'EST PAS DANS L'ETAT DANS LEQUEL IL DEVRAIT ETRE.*** *TON PERE EST TOMBE DANS UNE GRAVE AFFAIRE. TON PERE EST PREOCCUPE PAR TOI ET PAR TON REPAS DU SOIR.*

***L'ENFANT S'EN RETOURNA EN PLEURANT VERS SA MERE*** *QUI VINT A SON TOUR ET DIT :*

- ***ENVOYE DE DIEU !*** *DE PAR TOI ET DE PAR MA MERE, LA NUIT EST TOMBEE ET LE SOUPER DES JEUNEURS EST PRET. T'APPORTERAI-JE DE QUOI MANGER ?*

*IL L'APPELA DE DERRIERE LA PORTE :*

- ***QUE DOIT FAIRE DAVID AVEC LA NOURRITURE APRES QUE LA FAUTE L'A SUBMERGE ?*** *IL NE RESTE PLUS APRES CELA QUE LE PARDON DE DIEU.»*

***WAHB*** *A DIT :*

*« **DAVID AVAIT UN TAPIS SUR LEQUEL IL FAISAIT SA PRIERE.** IL PRIAIT ET, PROSTERNE, IL PLEURAIT TANT QUE SES LARMES MOUILLAIENT L'ENDROIT DE SA PROSTERNATION. N'ARRIVANT PAS A RETENIR SES LARMES, CELLES-CI COULAIENT ET PENETRAIENT MEME SOUS LE TAPIS.*

*DANS SA PROSTERNATION, IL APPELAIT :*

- ***LE FRONT SE COUVRE DE FISTULES,** LA LARME S'EST ASSECHEE MAIS MA FAUTE N'A PAS ETE PARDONNEE POUR AUTANT.*

*IL LUI A ETE DIT :*

- ***DAVID ! ES-TU ASSOIFFE, TA SOIF SERA ETANCHEE.** AS-TU FAIM, TU SERAS NOURRI. ES-TU NU, TU SERAS VETU. SES PLEURS REDOUBLERENT.*

- *LES GEMISSEMENTS SE MELAIENT AUX SANGLOTS. C'EST ALORS QU'IL FUT ABSOUS. »*

***MA'ADH IBN ZIYAD AT-TAYMI*** *A DIT:*

*« **LORSQUE DAVID COMMIT LA FAUTE,** IL CHERCHA REFUGE AUPRES DES GENS ET, DU SOMMET DES MONTAGNES, IL SE PLAIGNIT A EUX EN PLEURANT. CES GENS LE PLEURAIENT A LEUR TOUR. IL HELA UN HOMME ISOLE ET LUI DIT :*

- ***JE SUIS DAVID, L'ENVOYE DE DIEU, L'AUTEUR DE LA FAUTE. O HOMME** ! CETTE NOUVELLE NE T'EST PAS PARVENUE ?*

- *L'HOMME PLEURA A GROSSES LARMES PUIS DIT : **DAVID !***

  - ***TA FAUTE EST ARRIVEE JUSQU'AUX MOINDRES RECOINS DES ARBRES EPINEUX.** COMMENT N'ATTEINDRAIT-ELLE PAS LES FILS D'ISRAËL?*

  - ***APRES QUOI, DAVID SE MIT A PLEURER ET TOMBA PROSTERNE.** IL CONTINUA A PLEURER AU POINT QUE, DE SES LARMES, L'HERBE EMERGEA DE LA TERRE. »*

***ABU LALIB AL-MUBARAK IBN KHUDAYR,*** *SUIVANT UNE CHAINE DE GARANTS REMONTANT A **YAHYA IBN ABI KATHIR,** A DIT :*

*« **IL NOUS EST PARVENU QUE LE JOUR DES SANGLOTS, DAVID** - QUE LA PAIX SOIT SUR LUI - DEMEURA, AVANT CE MOMENT, SEPT JOURS SANS BOIRE NI MANGER NI S'APPROCHER DES FEMMES.*

- ***LA VEILLE, IL FIT SORTIR SA CHAIRE DANS UNE ETENDUE DESERTIQUE,*** *ORDONNA A SALOMON D'APPELER LES HABITANTS DE LA CITE ET TOUT CE QU'IL Y AVAIT AUTOUR DANS LES ETANGS, LES MONTICULES, LES MONTAGNES, LES TERRES FERMES, LES CELLULES ET COUVENTS, ET DE LEUR DIRE S'ILS VOULAIENT ENTENDRE LES SANGLOTS DE DAVID.*

- ***LES BETES SAUVAGES VENAIENT ALORS DES SAVANES ET DES MONTS,*** *LES FAUVES DES ETANGS, LES LIONS DES MONTAGNES, LES VOLATILES DES NIDS, LES RELIGIEUX DES COUVENTS ET DES CELLULES, LES VIERGES DE DERRIERE LEURS VOILES.*

    - *TOUS LES GENS LES GENS SE REUNIRENT EN CE JOUR-LA. DAVID FIT SON ENTREE, MONTA SUR LA CHAIRE ET S'ENTOURA DES FILS D'ISRAËL.*

- ***CHAQUE ESPECE, SEPAREMENT, PRETA L'OREILLE.*** *SALOMON DEMEURA DEBOUT, DOMINANT DAVID DE LA TETE. DAVID COMMENÇA PAR LOUER SON SEIGNEUR ET TOUS ECLATERENT EN SANGLOTS ET EN CRIS.*

    - *PUIS, IL PARLA DU PARADIS ET DE L'ENFER. C'EST ALORS QU'UNE PARTIE DES BETES SAUVAGES MOURUT, AINSI QU'UNE PARTIE DES RELIGIEUX ET DES VIERGES DEVOTES.*

- ***ENSUITE, IL DISCOURUT SUR LA MORT ET LES EVENEMENTS TERRIFIANTS DE LA RESURRECTION.*** *IL SE LAMENTA ALORS SUR SON SORT. DES LORS, LA MORT S'EMPARA DES UNS ET DES AUTRES, SOIT D'UNE PARTIE DE CHAQUE ESPECE.*

*LORSQUE SALOMON VIT QU'IL Y AVAIT BEAUCOUP DE MORTS DANS CHACUNE DES CATEGORIES PRESENTES, IL S'ECRIA :*

- ***Ô ENVOYE DE DIEU !*** *TU AS COMPLETEMENT ANEANTI CEUX QUI T'ECOUTAIENT : UNE PARTIE DES FILS D'ISRAËL, DES BETES SAUVAGES, DES FAUVES ET DES RELIGIEUX, A TROUVE LA MORT.*

*C'EST ALORS QUE DAVID ARRETA SES SANGLOTS ET COMMENÇA A INVOQUER DIEU. LES FILS D'ISRAËL L'INTERPELLERENT ALORS QU'IL SE TROUVAIT ENCORE DANS CET ETAT :*

- ***Ô DAVID !*** *TU FAIS HATER LA DEMANDE DE LA RETRIBUTION DE TON SEIGNEUR 1*

***DAVID, A CE MOMENT, TOMBA EVANOUI.*** *LORSQUE SALOMON LE REGARDA ET VIT CE QUI LUI ARRIVA, IL FIT APPORTER UN LIT, L'Y INSTALLA PUIS ORDONNA :*

- ***QUE CELUI QUI, AVEC DAVID, A UN PROCHE PARENT, APPORTE UN LIT ET L'Y TRANSPORTE.*** *LA MENTION DU PARADIS ET DE L'ENFER A TUE CEUX QUI SE TROUVAIENT AVEC DAVID.*

***C'EST AINSI, QU'UNE FEMME APPORTA UN LIT,*** *SE PLAÇA DEBOUT DEVANT SON PERE DECEDE ET S'ECRIA :*

- *Ô PERE QUI A ETE TUE PAR LE SOUVENIR DE L'ENFER !*
- *Ô PERE QUI A ETE TUE PAR LE RAPPEL DU PARADIS !*
- *Ô PERE QUI A ETE TUE PAR CRAINTE DE DIEU LE TRES-HAUT !*

***LES BETES SAUVAGES,*** *ELLES AUSSI, RASSEMBLERENT CEUX CELLES D'ENTRE ELLES QUI AVAIENT TROUVE LA MORT ET PUIS SE DISPERSERENT. LORSQUE DAVID SE REVEILLA DE SON EVANOUISSEMENT, IL APPELA SALOMON :*

- ***QUE SONT DEVENUS TEL ET TEL DES FILS D'ISRAËL ?*** *SALOMON, ENUMERANT UN GROUPE D'ENTRE EUX, REPONDIT : ILS SONT TOUS MORTS.*

***DAVID SE LEVA, POSA SA MAIN SUR SA TETE,*** *ENTRA DANS SA SALLE DE DEVOTION ET FERMA LA PORTE DERRIERE LUI. PUIS, IL S'ECRIA :*

- ***ES-TU COURROUCE CONTRE DAVID,*** *O SEIGNEUR DE DAVID?*

- ***QUE CHERCHES-TU EN FAISANT PERIR UNE PARTIE PAR CRAINTE DE TOI,*** *UNE AUTRE DE TON ENFER ET UNE AUTRE ENCORE PAR DESIR DE TON PARADIS ET DE TA RENCONTRE ? SEIGNEUR DE DAVID ! SEIGNEUR DE DAVID !*

*IL CONTINUAIT AINSI A APPELER LE SEIGNEUR DE DAVID. SALOMON VINT ALORS, S'ARRETA DEVANT LA PORTE DE DAVID ET L'APPELA :*

- ***Ô PERE !*** *ME PERMETS-TU D'ENTRER ?*

*LA PERMISSION LUI AYANT ETE ACCORDEE, IL ENTRA, UNE GALETTE D'ORGE A LA MAIN ET DIT :*

- ***PERE !*** *PRENDS AUTANT DE FORCE QUE TU VEUX !*

*DAVID MANGEA CE QUE DIEU VOULUT, PUIS ALLA VERS LES FILS D'ISRAËL ET SE MELA A EUX. »*

# *LE PROPHETE (YAHYÂ) JEAN BAPTISTE*

## ***LA SAGESSE DE JEAN BAPTISTE***

***'ABD ALLAH IBN 'AMRU IBN AL-AG** A RAPPORTE CE QUI SUIT :*

*« **YAHYA, FILS DE ZAKARIYA (ZACHARIE)** - QUE LA PAIX SOIT SUR LUI -, ALORS AGE DE HUIT ANS, ENTRA DANS LA MAISON SAINTE. IL VIT QUE LES OCCUPANTS PORTAIENT DES GILETS DE POIL ET DES MANTEAUX DE LAINE.*

***IL REGARDA CEUX QUI SE LEVAIENT LA NUIT POUR PRIER** : ILS AVAIENT POUSSE LEURS ASCENSIONS JUSQU'A LEURS DERNIERES LIMITES, S'ETAIENT ENCHAINES ET ATTACHES AUX RECOINS DE LA MAISON SAINTE.*

***TERRIFIE PAR CE SPECTACLE, IL RETOURNA AUPRES DE SES PARENTS.** IL PASSA DEVANT DES ENFANTS QUI JOUAIENT. CEUX-CI LUI DIRENT :*

- ***YAHYA !** VIENS JOUER AVEC NOUS.*
- ***JE N'AI PAS ETE CREE POUR JOUER.***

*TELLE ETAIT LA PAROLE DE DIEU LE TOUT-PUISSANT :*

- ***"NOUS LUI AVONS DONNE LA SAGESSE ALORS QU'IL ETAIT ENCORE ENFANT."***

***IL ALLA CHEZ SES PARENTS ET LEUR DEMANDA DE LUI FAIRE PORTER UN GILET DE POIL.** C'EST CE QU'ILS FIRENT. PUIS, IL RETOURNA A LA MAISON SAINTE. IL SE CONSACRAIT A SON SERVICE LE JOUR, OU Y PASSAIT LA NUIT. CELA DURA JUSQU'A L'AGE DE QUINZE ANS.*

***QUAND LA CRAINTE S'EMPARA DE LUI,** IL SE MIT A ERRER ICI ET LA SUR LA SURFACE DE LA TERRE. SON PERE ET SA MERE SE MIRENT A SA RECHERCHE. ILS LE RETROUVERENT AU MOMENT OU IL DESCENDAIT DES MONTAGNES QUI SURPLOMBAIENT **LE LAC DE LA JORDANIE.***

***YAHYA S'ASSIT AU BORD DU LAC.** IL PLONGEA SES PIEDS DANS L'EAU. LA SOIF LE TENAILLAIT MAIS IL DIT :*

- ***PAR TA PUISSANCE !** JE NE GOUTERAI PAS DE BOISSON FRAICHE AVANT DE CONNAITRE TA POSITION A SON EGARD.*

*ENFIN, SON PERE ET SA MERE LUI DEMANDERENT DE MANGER LE PAIN D'ORGE QU'ILS AVAIENT APPORTE ET D'ETANCHER SA SOIF. C'EST CE QU'IL FIT. APRES QUOI, IL FIT L'ELOGE DE LA PIETE FILIALE. DIEU DIT A CE SUJET :*

- ***"IL MARQUAIT DE LA DEFERENCE A L'EGARD DE SON PERE ET DE SA MERE ; IL N'ETAIT POINT DE CES DESPOTES RECALCITRANTS."***

***AUSSITOT APRES, SES DEUX GENITEURS LE RAMENERENT A LA MAISON SACREE.*** *LA, CHAQUE FOIS QU'IL SE LEVAIT POUR S'ACQUITTER DE SA PRIERE, IL PLEURAIT ZACHARIE PLEURAIT TANT AVEC LUI QU'IL LE COUVRIT DE SES LARMES.*

***YAHYA DEMEURA DANS CET ETAT AU POINT QUE*** *SES LARMES CREUSERENT LA CHAIR DE SES JOUES ET LAISSERENT APPARAITRE SES MOLAIRES.*

*SA MERE LUI DIT :*

- ***Ô YAHYA !*** *SI TU ME LE PERMETS, JE TE COLLERAI UN PANSEMENT AFIN DE CACHER TES MOLAIRES AUX REGARDS. FAIS CE QUE TU VEUX !*

***LA MERE PRIT DEUX MORCEAUX D'UN BANDAGE ET LES COLLA SUR SES DEUX JOUES.*** *QUAND IL PLEURAIT, SES LARMES GONFLAIENT LES DEUX PIECES RACCOMMODEES.*

*SA MERE SE LEVAIT ALORS ET, DE SES MAINS, LES ESSORAIT. CHAQUE FOIS QU'IL VOYAIT SES LARMES COULER SUR LES BRAS DE SA MERE, IL DISAIT :*

- ***SEIGNEUR! CELLES-CI SONT MES LARMES ET CELLE-LA EST MA MERE.*** *QUANT A MOI, JE SUIS TON SERVITEUR ET TOI TU ES LE PLUS MISERICORDIEUX DES MISERICORDIEUX. »*

***ABU AL-MA'ALI IBN SABIR,*** *SUIVANT UNE CHAINE DE GARANTS REMONTANT A* ***WAHB IBN MUABBAH,*** *A DIT :*

***« ZACHARIE SE SAUVA ET SE CACHA DANS LE CREUX D'UN ARBRE.*** *IL PLAÇA UNE SCIE ET S'APPRETA A COUPER L'ARBRE EN DEUX. QUAND LA SCIE ATTEIGNIT SON DOS, IL SE MIT A CRIER.*

***DIEU LUI REVELA ALORS :***

- ***ZACHARIE ! SI TU NE CESSES PAS TES CRIS,*** *JE RENVERSERAI SUR TOI LA TERRE ET CE QU'ELLE CONTIENT. AUSSITOT, IL SE TUT ET LA SCIE FIT SON ŒUVRE. »*

***ABU AL-QASAM,*** *SUIVANT UNE CHAINE DE GARANTS REMONTANT A* ***AL-HASAN,*** *A DIT :*

***« UN HOMME DONT LE NOM EST 'AQIB, ADORAIT DIEU.*** *EN CE TEMPS-LA, IL Y AVAIT UN ROI QUI SUPPLICIAIT LES GENS D'UN CHATIMENT EXEMPLAIRE.*

***'AQIB A DIT :*** *IL ME SERAIT AGREABLE D'ALLER VERS CE MONARQUE ET DE LUI ORDONNER LA CRAINTE DE DIEU LE TOUT-PUISSANT. IL DESCENDIT AUSSITOT DE LA MONTAGNE ET DIT AU TYRAN :*

- ***Ô TOI ! CRAINS DIEU LE TOUT-PUISSANT !***
- ***QUOI !*** *UN CHIEN DE TON ESPECE M'ORDONNE DE CRAINDRE DIEU LE TOUT-PUISSANT. JE TE FERAI SUBIR UN CHATIMENT QUE PERSONNE AU MONDE N'AURA ENCORE CONNU.*

***AUSSI, COMMANDA-T-IL DE L'ECORCHER VIVANT DES PIEDS JUSQU'A LA TETE.*** *C'EST CE QUI SE FIT. QUAND SON VENTRE FUT ATTEINT, 'AQIB LANÇA UN CRI TERRIBLE.*

***DIEU LUI REVELA ALORS :***

- ***'AQIB ! SOIS PATIENT !*** *JE TE LIBERERAI DE LA DEMEURE DE LA TRISTESSE ET JE TE FERAI ENTRER DANS CELLE DE LA JOIE, DE LA DEMEURE DE L'EXIGUÏTE A CELLE DE L'ESPACE ETENDU.*

*LORSQUE L'ECORCHURE ATTEINT SON VISAGE, IL CRIA DE NOUVEAU.* ***DIEU LE TRES-HAUT LUI REVELA :***

- *PLEURES-TU LES HOTES DE MES CIEUX ET CEUX DE MA TERRE ?*
- *DISTRAIS-TU MES ANGES DE MA GLORIFICATION ?*

***SI TU TE METTAIS A CRIER UNE TROISIEME FOIS, JE FERAI ABATTRE SUR TOI UN CHATIMENT DES PLUS TERRIBLES.*** *DES LORS,* ***'AQIB*** *SE MONTRA PATIENT JUSQU'A L'ECORCHURE COMPLETE DE SON VISAGE, DE CRAINTE QUE SON PEUPLE NE SOIT ATTEINT PAR LE CHATIMENT. »*

# *LE PROPHETE (AYYÛB) JOB*

## *LA PATIENCE DE JOB*

***ABU AL-FATH MUHAMMAD IBN 'ABD AL-BAQI,*** *SUIVANT UNE CHAINE DE GARANTS REMONTANT A* ***WAHB IBN MUANABBAH,*** *A DIT :*

***« SELON UNE INFORMATION, JOB ETAIT UN BYZANTIN.*** *DIEU L'AVAIT CHOISI ET FAIT PROPHETE. IL L'EPROUVA PAR LA RICHESSE : UNE IMMENSE FORTUNE ET BEAUCOUP D'ENFANTS.*

*IL LUI FACILITA LA VIE ID-BAS ET LUI ACCORDA UNE SUBSISTANCE DES PLUS LARGES. JOB POSSEDAIT, EN SYRIE, UNE TERRE FERTILE VASTE ET ELEVEE. IL DISPOSAIT DE TOUTES LES ESPECES DE BIENS.*

- ***IL ETAIT D'UNE GRANDE PIETE*** *ET COMPATISSANT A L'EGARD DES INDIGENTS DONT IL SUBVENAIT A LA NOURRITURE.*

- ***IL PRENAIT A SA CHARGE LES VEUVES,*** *S'OCCUPAIT DES ORPHELINS, HONORAIT L'INVITE ET PRENAIT SOIN DU VOYAGEUR DE PASSAGE.*

- ***IL ETAIT PLEIN DE GRATITUDE ENVERS LES BIENFAITS DE DIEU*** *ET, A CET EFFET, IL ACCOMPLISSAIT CE QUI LUI ETAIT DU.*

- ***IL Y AVAIT AVEC LUI TROIS GROUPES DE PERSONNES QUI CROYAIENT EN LUI*** *ET TENAIENT POUR VRAI LE FAIT QUE DIEU LE TRES-HAUT LE MIT A L'EPREUVE DANS SON ETAT, SES ENFANTS ET SA PERSONNE DE MANIERE A ACCROITRE LA RECOMPENSE PROPORTIONNELLEMENT AU MALHEUR DONT IL SERAIT ATTEINT, A FAIRE DE LUI UN EXEMPLE POUR LES GENS PATIENTS, ET UN RAPPEL POUR LES DEVOTS.*

***C'EST DANS CETTE PERSPECTIVE QU'IBLIS,*** *L'ENNEMI DE DIEU, S'IMPOSA A LUI. IL REUNIT SES DEMONS ET LEUR DIT :*

- ***JE ME SUIS RENDU MAITRE DES BIENS ET DE LA FAMILLE DE JOB.*** *ET VOUS, QUE POUVEZ-VOUS FAIRE ?*
- ***JE LE TOURMENTERAI PAR LE FEU.*** *IL N'Y AURA RIEN QU'IL PUISSE ORDONNER SANS QUE JE LE BRULE ; DIT L'UN D'EUX.*

***IBLIS*** *LUI DIT :*

- ***"AGIS DONC EN CONSEQUENCE."***

***LE SUPPOT DE SATAN ALLA VERS LES CHAMEAUX DE JOB ET LES BRULA AVEC LEURS BERGERS.*** *IBLIS, L'ENNEMI DE DIEU, PRIT L'APPARENCE DE L'INTENDANT DES BERGERS ET SE RENDIT AUPRES DE JOB QU'IL TROUVA DANS SON ORATOIRE EN TRAIN DE PRIER. IL LUI DIT :*

- ***Ô JOB ! LE FEU S'EST REPANDU AU POINT DE COUVRIR TON TROUPEAU*** *DE CHAMEAUX ET L'A BRULE AINSI QUE CE QUI S'Y TROUVAIT. JE VIENS T'EN INFORMER.*
- ***LOUANGE A DIEU !*** *C'EST LUI QUI DONNE ET QUI REPREND.*

***C'EST LUI QUI T'EN A DELIVRE DE LA MEME MANIERE QU'IL LIBERE L'IVRAIE DU BLE.*** *SI DIEU NE CONNAISSAIT PAS LE BIEN QUI EST EN TOI, IL T'AURAIT EMPORTE AVEC LES AUTRES AMES. LES BIENS DE JOB COMMENÇAIENT A ETRE ATTEINTS UN A UN.*

***CHAQUE FOIS QUE QUELQUE CHOSE DE SA FORTUNE PERISSAIT, IL LOUAIT DIEU ET EXCELLAIT DANS SON ELOGE.*** *IL ACCEPTA LE DESTIN ET S'HABITUA AU MALHEUR QUI L'ACCABLAIT, JUSQU'AU JOUR OU IL NE LUI RESTA PLUS AUCUN BIEN. SA FAMILLE ET SES ENFANTS NE FURENT POINT EPARGNES.*

***IBLIS SE PRESENTA ENCORE A JOB SOUS LA FORME DE LEUR INTENDANT*** *ET L'INFORMA DE CE QUI LEUR ETAIT ARRIVE. JOB S'INQUIETA POUR SES ENFANTS ET DIT :*

- ***J'AURAIS SOUHAITE QUE MA MERE NE M'AIT PAS ENFANTE.*** *MAIS IL REGRETTA SES PAROLES ET SE REPRIT. IL LOUA DIEU ET FIT SES ELOGES. SON REPENTIR DEVANÇA L'ENNEMI DE DIEU AUPRES DE DIEU.*

***PUIS, L'ENNEMI DE DIEU SE PRESENTA A JOB AU MOMENT OU IL ETAIT PROSTERNE.*** *IL SOUFFLA DANS SON CORPS, QUI SE COUVRIT DE VERRUES, COMME CELLES QUI ATTEIGNENT LA RACE OVINE.*

***JOB SE FROTTA SI FORT AVEC SES ONGLES QU'ILS S'ARRACHERENT DE SES DOIGTS.*** *PUIS, IL SE FROTTA AVEC DE LA TERRE CUITE ET DES PIERRES JUSQU'A CE QUE SA CHAIR S'ENLEVAT MORCEAU PAR MORCEAU, DE SORTE QU'IL NE RESTAIT PLUS QUE LES VEINES, LES NERFS ET LES OS.*

- ***IL N'AVAIT PLUS QUE SES YEUX QUI TOURNOYAIENT DANS SA TETE*** *POUR REGARDER, SON CŒUR POUR RAISONNER ET SA LANGUE POUR MENTIONNER DIEU. SEULS LES VISCERES ECHAPPERENT CAR IL NE LUI RESTAIT QU'EUX POUR RESPIRER. »*

*DANS UNE AUTRE VERSION, IL EST DIT : « TOUS LES GENS AVAIENT ABANDONNE JOB ET L'AVAIENT LIVRE A SA FEMME,* ***RAHMA BINT MAYSHA IBN YUSUF IBN YA'QUB*** *- QUE LA PAIX SOIT SUR EUX.*

- *ELLE S'OCCUPA DE LUI.*
- *ELLE RECEVAIT EN AUMONES DES TRANCHES ET DES BOUCHEES DE PAIN DONT ELLE LE NOURRISSAIT.*
- *ELLE MOULAIT DES GRAINS DE SES MAINS POUR LES GENS.*

- *ELLE SE FAISAIT PAYER EN NATURE, CE QUI N'ETAIT QU'UNE MAIGRE PITANCE. »*

*SELON CE QU'A RAPPORTE* ***SA'ID IBN AL-MUSAYYAB :***

- *«**JOB AVAIT ATTEINT UN TEL ETAT DE DEGENERESCENCE QU'IL FUT JETE SUR UN TAS DE DETRITUS**, EN COUVRANT SA PARTIE DECENTE DE CENDRES. IL REPOUSSAIT DE SON CORPS LES VERS QUI L'ENVAHISSAIENT. »*

*REVENONS A LA NARRATION DE* ***WAHB : «JOB DEMEURA DANS CET ETAT CALAMITEUX PENDANT TROIS ANNEES, PAS UN JOUR DE PLUS.*** *NE POUVANT RIEN CONTRE ELLE, LA DETRESSE LE GAGNA COMPLETEMENT.*

***C'EST ALORS QUE QUELQU'UN SE PRESENTA A SA FEMME SOUS UNE PHYSIONOMIE*** *QUI N'AVAIT RIEN DE COMMUN AVEC CELLE DES FILS D'ADAM QUANT AUX OS, A LA TAILLE ET AU CORPS. IL ETAIT PORTE PAR UNE MONTURE QUI N'AVAIT AUCUNE RESSEMBLANCE AVEC CELLE DES GENS. IL LUI DIT :*

- *ES-TU LA COMPAGNE DE JOB, CET HOMME SOUMIS A UNE TERRIBLE EPREUVE ?*
- *OUI, DIT-ELLE.*
- *ME RECONNAIS-TU ?*
- *NON!*
- *JE SUIS LA DIVINITE DE LA TERRE. JE SUIS CELUI QUI A FAIT DE TON COMPAGNON CE QU'IL EST. C'EST PARCE QU'IL EST LE SERVITEUR DU DIEU DU CIEL ET QU'IL M'A ABANDONNE, ME METTANT AINSI EN COLERE. S'IL S'ETAIT PROSTERNE DEVANT MOI NE SERAIT-CE QU'UNE SEULE FOIS, JE LUI AURAIS RENDU, A LUI ET A VOUS, CE QUE VOUS POSSEDIEZ EN ENFANTS ET EN BIENS. CECI EST EN MON POUVOIR.*

***PUIS, IL LUI MONTRA CE QUI ETAIT APPARENT DANS LES ENTRAILLES DE LA VALLEE.*** *L'EPOUSE ALLA VOIR ENSUITE SON COMPAGNON ET LE MIT AU COURANT DE CE QUI LUI AVAIT ETE DIT ET DE CE QU'ELLE AVAIT VU.*

- ***JOB LUI DIT: «*** *C'EST L'ENNEMI DE DIEU QUI EST VENU T'INCITER A LA REVOLTE CONTRE TA RELIGION. »*

***PUIS, IL PRIA QUE DIEU LE PRESERVE DE NE PAS LA FRAPPER DE CENT COUPS.*** *LORSQUE LE MALHEUR SE PROLONGEA, LE GROUPE DE GENS QUI AVAIENT CRU AVEC LUI ET AJOUTE FOI A SES PAROLES VINT LE VOIR.*

*IL Y AVAIT PARMI EUX UN JEUNE HOMME QUI AVAIT CRU EN LUI ET PRETE FOI A SA PAROLE. ILS S'ASSIRENT PRES DE JOB ET OBSERVERENT LE MALHEUR DONT IL ETAIT ATTEINT ILS CONCLURENT A LA GRAVITE DE SON ETAT. L'UN D'EUX DIT : IL NOUS EST DIFFICILE DE RESOUDRE TON CAS.*

- ***Ô JOB ! QUE TU NOUS PARLES DE LA PLAIE QUI EST EN TOI OU QUE TU TAISES CE QUE NOUS VOYONS EN TOI, L'AFFAIRE EST AU-DESSUS DE NOS MOYENS.*** *IL N'EN RESTE PAS MOINS QUE, DE TES ŒUVRES, NOUS N'ESPERONS D'AUTRE RETRIBUTION QUE CELLE QUI EST APPARENTE.*

***L'HOMME NE RECOLTE QUE CE QU'IL SEME.*** *IL N'EST RECOMPENSE QUE POUR CE QU'IL REALISE. QUANT A MOI, JE TEMOIGNE PAR DIEU, DONT LES LIMITES DE LA GRANDEUR NE PEUVENT ETRE EVALUEES ET DONT LE NOMBRE DES BIENFAITS NE PEUT ETRE CALCULE, QUE SON POUVOIR NE PEUT ETRE DEPASSE, C'EST-A-DIRE QUE LE PARDON ET LA REMISSION SONT, CHEZ LUI, PLUS PROMPTS QUE LA COLERE ET LE CHATIMENT.*

- ***Ô JOB !*** *PARLE DONC DES REPONSES QUI TE PEUVENT ETRE DONNEES A LEUR SUJET.*

***UN AUTRE DIT :*** *DISCUTES-TU DES AFFAIRES DE DIEU, O JOB ?*

- *OU BIEN VEUX-TU PARTAGER AVEC LUI SON AUTORITE, PURIFIER TON AME ALORS QUE TU ES FAUTIF, GUERIR ALORS QUE TU ES MALADE ?*
- *QU'EST-CE QUI POURRAIT ETRE UTILE ET TE SUFFIRE : QUE TU TE CROIES INNOCENT ALORS QUE TA FAUTE TE CERNE DE TOUS LES COTES ?*
- *SOIS FERME DANS TES ACTES.*
- *COMPTABILISE TES PECHES PENDANT QUE TU T'OBSTINES COMME L'EAU COURANTE DONT IL N'EST PAS POSSIBLE D'ARRETER L'ECOULEMENT.*

***UN JEUNE HOMME*** *QUI SE TROUVAIT AVEC EUX PRIT LA PAROLE :*

- ***VIEILLARDS ! VOUS AVEZ PRIS LA PAROLE AVANT MOI.*** *VOUS EN AVEZ PLUS DE DROIT QUE MOI ET VOUS EN ETES PRIORITAIRES EN RAISON DE VOS AGES ET DE VOTRE EXPERIENCE PLUS GRANDE QUE LA MIENNE. VOUS AVEZ VU ET SU CE QUE JE NE SAIS PAS MOI-MEME.*

***CEPENDANT, VOUS AVEZ NEGLIGE UNE PAROLE MEILLEURE QUE TOUT CE QUE VOUS AVEZ DIT,*** *UN AVIS PLUS JUSTE QUE CELUI QUE VOUS AVEZ EMIS, UNE AFFAIRE PLUS BELLE QUE CELLE QUE VOUS AVEZ EXPOSEE ET UNE EXHORTATION PLUS SAGE QUE CELLE QUE VOUS AVEZ EVOQUEE.*

***C'EST QUE JOB A UN DROIT SUR VOUS ET UNE RESPONSABILITE MORALE*** *PLUS MERITOIRE QUE CELLE QUE VOUS AVEZ ASSUMEE.*

- ***CONNAISSEZ-VOUS, O VIEILLARDS, LE DROIT DE CELUI DONT VOUS RABAISSEZ LE MERITE,*** *L'OBLIGATION SACREE DE CELUI QUE VOUS DIFFAMEZ, DE CET HOMME DONT VOUS RELEVEZ LES DEFAUTS ET QUE VOUS ACCUSEZ ?*

- ***NE SAVEZ-VOUS PAS, O VIEILLARD, QUE JOB EST LE PROPHETE DE DIEU,*** *FAISANT PARTIE DE SES HOMMES DE BIEN ET DE SON ELITE SUR LA TERRE JUSQU'A CE JOUR-LA ?*

- ***DIEU L'A CHOISI POUR SA REVELATION,*** *L'A ELU POUR LUI-MEME, L'A SECURISE POUR SA PROPHETIE.*

***DE PLUS, VOUS NE SAVEZ PAS, ET DIEU NE VOUS A PAS DIT QU'IL AVAIT DETESTE UNE CHOSE EN LUI*** *DEPUIS QU'IL LUI A ACCORDE CE QU'IL LUI A ACCORDE JUSQU'A CE JOUR. OR JOB N'A JUSQU'A CE JOUR DIT SUR DIEU QUE LA VERITE, TOUT AU LONG DE LA PERIODE OU VOUS AVEZ ETE SES COMPAGNONS.*

***LE MALHEUR QUI L'A DISCREDITE EST COMME CELUI QUI A ACCABLE LES TEMOINS ET LES HOMMES DE BIEN.*** *IL FAUT DIRE QUE LE MALHEUR CONNU PAR SES SAINTS N'EST PAS UNE PREUVE QUE DIEU LES DETESTE OU QU'IL LES HUMILIE. AU CONTRAIRE, C'EST UNE LARGESSE DE SA PART ET UN BIEN POUR EUX.*

***SI JOB N'OCCUPAIT AUPRES DE DIEU CE RANG NI DANS LA PROPHETIE,*** *NI DANS LA PREFERENCE, NI DANS LA VERTU, NI DANS LA GENEROSITE, S'IL N'ETAIT SEULEMENT QU'UN FRERE QUE VOUS AURIEZ AIME PAR AMITIE, VOUS LUI AURIEZ, LUI ET LES AUTRES, MONTRE PLUS D'INDULGENCE, CAR PERSONNE N'ADMONESTE SON FRERE DANS LE MALHEUR, NI NE LE DENIGRE DANS LA DETRESSE, NI NE LE MEDIT DE CHOSES QU'IL NE CONNAIT PAS AU MOMENT OU IL SE TROUVE DANS UN ETAT D'AFFLICTION ET DE CHAGRIN.*

***BIEN AU CONTRAIRE, IL COMPATIT A SON SORT, SE SOUMET A LA MEME EPREUVE,*** *DEMANDE PARDON POUR LUI, S'ATTRISTE DE SA DETRESSE, LUI INDIQUE, DANS LE CAS QUI LE PREOCCUPE, LES GUIDES DU DROIT CHEMIN.*

***CELUI QUI IGNORE TOUTES CES CHOSES N'EST NI UN SAGE NI UN INDULGENT.*** *APRES AVOIR TERMINE SON DISCOURS ADRESSE AUX COMPAGNONS DE JOB, LE JEUNE HOMME SE TOURNA VERS CE DERNIER ET LUI DIT :*

- ***Ô JOB ! IL Y A DANS LA GRANDEUR DE DIEU ET DANS SA MAJESTE,*** *AINSI QUE DANS LA MENTION DE LA MORT, DE QUOI FAIRE TAIRE LA LANGUE, BRISER LE CŒUR ET OUBLIER TOUTE ALLEGATION.*
- ***NE SAIS-TU PAS, O JOB, QU'A DIEU APPARTIENNENT DES SERVITEURS*** *QUE LA CRAINTE ACCULE AU SILENCE SANS ETRE, POUR AUTANT, NI BEGUES NI MUETS ?*

***AU CONTRAIRE, ILS SE DISTINGUENT PAR L'ELOQUENCE DE LEUR LANGAGE, DE LEUR INTELLIGENCE ET DE LA NOBLESSE DE LEUR ESPRIT.*** *ILS CONNAISSENT DIEU ET SES JOURS. POURTANT, LORSQU'ILS MENTIONNENT LA GRANDEUR DE DIEU, LEUR ELOQUENCE SE PERD, LEUR PEAU SE CRISPE ET LEUR CŒUR SE BRISE DEVANT SA GRANDEUR, SA PUISSANCE ET SA MAJESTE.*

***LORSQU'ILS PRENNENT CONSCIENCE DE LEUR ETAT, ILS SE RESERVENT A DIEU EN S'ADONNANT A DES ŒUVRES PURES.*** *US SE COMPTENT AU NOMBRE DES GENS INJUSTES ET PECHEURS BIEN QU'ILS SOIENT VERTUEUX ET EXEMPTS DE DEFAUTS, OU AU NOMBRE DES NEGLIGENTS ET DES ABUSIFS ALORS QU'ILS SONT SAGACES ET FORTS.*

***POURTANT, ILS NE SE CONSACRENT PAS A DIEU D'UNE MANIERE EXCESSIVE, N'AGREENT PAS POUR LUI LE MODIQUE ET NE SE DENOTENT PAS PAR DE SIMPLES ACTES.*** *CE SONT PLUTOT DES GENS QUE TU VOIS PERSPICACES, BRAVES, ATTENTIFS, SOUMIS, TIMIDES, RESIGNES ET RECONNAISSANTS.*

***JOB*** *PRIT ALORS LA PAROLE ET DIT :*

- ***DIEU A SEME LA SAGESSE ET LA MISERICORDE DANS LE CŒUR DES PETITS ET DES GRANDS !*** *QUAND ELLES POUSSENT DANS LE CŒUR, DIEU LES EXTERIORISE PAR VOIE ORALE. LA SAGESSE NE PRECEDE SON ENONCE NI PAR LA LANGUE, NI PAR LA VIEILLESSE, NI PAR LA LONGUE EXPERIENCE.*

- ***QUAND DIEU FAIT DU SERVITEUR UN HOMME SAGE DANS SON ENFANCE, LE RANG DE CE DERNIER NE SE DEPRECIE PAS AUPRES DES GENS SENSES.*** *AU CONTRAIRE, ILS VOIENT EN LUI LA LUMIERE DE LA GENEROSITE EMANANT DE DIEU. »*

***IBN 'ABBAS*** *A NARRE L'HISTOIRE DE JOB EN DISANT : « IL FUT JETE DANS LA CENDRE. UN JOUR, SA FEMME LUI DIT :*

- ***Ô JOB ! CERTES, DIEU M'A AFFAIBLI ET M'A ABAISSEE DANS LE DENUEMENT.*** *AUCUN MEMBRE DE MA FAMILLE NE M'A ENVOYE UN PAIN POUR TE NOURRIR. IMPLORE TON SEIGNEUR POUR QU'IL TE GUERISSE. MALHEUR A TOI ! NOUS AVONS VECU DANS L'AISANCE PENDANT SOIXANTE-DIX ANS. SOIS PATIENTE DANS LE MALHEUR PENDANT SOIXANTE-DIX ANS !*

***LE MALHEUR DE JOB, DIT-IL, A DURE SEPT ANS.*** *» IL A DIT : « SATAN S'ASSIT SUR LA ROUTE, UN COFFRET DE MEDICAMENTS A SES COTES. LA FEMME DE JOB VINT LE VOIR ET LUI DEMANDA :*

- ***Ô SERVITEUR DE DIEU !*** *IL Y A LA-BAS UN HOMME SOUMIS A UNE DURE EPREUVE. AS-TU DE QUOI LE SOIGNER ? JE PEUX LE FAIRE S'IL VEUT ME DIRE UNE PAROLE APRES SA GUERISON. QU'IL DISE :* ***"C'EST TOI QUI M'AS GUERI."*** *ELLE ALLA VOIR SON EPOUX ET LUI DIT :*

- ***JOB !*** *IL Y A LA-BAS UN HOMME QUI PRETEND TE SOIGNER SI TU LUI DISAIS UNE SEULE PAROLE : "C'EST TOI QUI M'AS GUERI." MALHEUR A TOI ! CET HOMME N'EST AUTRE QUE SATAN. SI DIEU ME GUERISSAIT, JE TE FOUETTERAIS DE CENT COUPS DE FOUETS. »*

*DANS UNE VERSION AUTRE QUE CELLE-CI,* ***JOB DIT A SA FEMME :***

- ***« PARS D'ICI ! JE N'AI POINT BESOIN DE TOI. »*** *QUAND ELLE LE QUITTA, IL DIT :*

*« SEIGNEUR ! LE MALHEUR M'A ATTEINT ET TOI TU ES LE PLUS MISERICORDIEUX DES MISERICORDIEUX. »*

- ***GABRIEL*** *SE MANIFESTA ALORS ET PRIT LA MAIN DE JOB EN LUI DISANT :* ***"LEVE-TOI ! COURS SUR TES JAMBES !"*** *JOB SE MIT A COURIR ET UNE SOURCE JAILLIT DU SOL.*

- *"BOIS !" LUI DIT GABRIEL ET JOB BUT ENSUITE, L'ARCHANGE LE VETIT D'UN HABIT NEUF DU PARADIS. JOB DEVINT PLUS BEAU QU'IL NE L'ETAIT.*

*PUIS, SA FEMME EUT PITIE DE LUI ET COMPATIT A SON SORT. ELLE VINT LE VOIR, MAIS NE LE RECONNUT PAS. TROUBLEE, ELLE ALLA EN COURANT AU VILLAGE. ELLE REVINT SUR LES LIEUX AUSSI TROUBLEE QU'AVANT, MAIS NE LE RECONNUT PAS. ELLE PASSA DEVANT JOB ET LUI DIT :*

- *SERVITEUR DE DIEU ! AS-TU VU CET HOMME SOUMIS A UNE DURE EPREUVE, QUI AVAIT ETE JETE DANS LES ORDURES ?*
- *QUE CRAINS-TU DE PLUS POUR LUI ?*
- *MAIS JE CRAINS QU'UN CHIEN OU UN FAUVE LE DEVORE.*

***JOB NE PUT MAITRISER SES LARMES*** *ET DIT : LE RECONNAITRAS-TU SI TU LE VOYAIS ? ELLE LE FIXA ALORS ET DIT :*

- *PAR DIEU ! TU LUI RESSEMBLES QUAND IL ETAIT BIEN PORTANT.*
- *MALHEUR A TOI ! JE SUIS JOB. DIEU LE TOUT-PUISSANT M'A RENDU TEL QUE J'ETAIS.*
- *SERVITEUR DE DIEU ! CRAINS DIEU ET NE TE MOQUE PAS DE MOI.*
- *MALHEUR A TOI ! JE SUIS JOB. »*

***IBN 'ABBAS*** *RACONTA QUE LES DEUX EPOUX S'ENLACERENT.* ***DIEU TOUT-PUISSANT*** *RENDIT A JOB SES BIENS ET LUI DONNA AUTANT D'ENFANTS QU'IL EN AVAIT AUPARAVANT.*

# *JESUS LE MESSIE (ISSA IBN MARIAM)*

## *JESUS ET SES APÔTRES*

***GHAWTH IBN JABIR*** *A DIT : « **LES APOTRES** ONT DIT :*

- ***"Ô JESUS !*** *QUELS SONT LES AWALIYA' DE DIEU QUI N'AURONT RIEN A CRAINDRE DE LUI ET NE SERONT POINT AFFLIGES ?"*

***JESUS - QUE LA PAIX SOIT SUR LUI*** *- A DIT :*

- ***"CEUX QUI CONTEMPLENT LA REALITE INTERIEURE DU MONDE PRESENT AU MOMENT OU LES GENS OBSERVENT SON ASPECT EXTERIEUR, CEUX QUI ENVISAGENT L'AVENIR APRES LA VIE DANS CE MONDE*** *AU MOMENT OU LES GENS NE FONT QUE SCRUTER L'IMMEDIAT ;*
    - *ILS ONT TUE DE CETTE VIE CE QUI RISQUE DE LES TUER (ILS ONT COUPE DE CE MONDE CE QUI RISQUE DE LES COUPER DE DIEU).*
- ***CE SONT CEUX QUI ONT RENONCE AUX CHOSES QUAND ILS ONT SU QUE CES CHOSES LES ABANDONNERAIENT UN JOUR, AINSI AU LIEU D'EN AMASSER, ILS S'EN LIBERENT, SANS REGRET.***
    - *ILS SAVENT QUE LEUR MANIFESTATION CONDUIT AU TREPAS ET QUE LA JOIE QU'ILS Y TROUVENT N'EST QU'AFFLICTION.*
    - *ILS REFUSENT CE QUI CONTRECARRE CE QU'ILS ESCOMPTENT RECEVOIR ET REJETTENT CE QUI, SANS RAISON, S'OPPOSE A SA SUBLIMITE.*
- ***LE MONDE, DEVANT EUX, S'EST VIDE (D'AUTRES QUE DIEU)*** *ILS NE CHERCHENT PAS A LE REMPLIR. LEURS CONVOITISES MEURENT DANS LEURS POITRINES SANS CHERCHER A LES FAIRE RENAITRE.*
- ***LEURS MAISONS TOMBENT EN RUINE SANS VOULOIR LES PEUPLER ;*** *BIEN AU CONTRAIRE, ILS LES DEMOLISSENT ET, AVEC LEURS MATERIAUX, ILS BATISSENT LEUR VIE DERNIERE. PUIS, ILS LES VENDENT POUR ACHETER CE QUI LEUR SUBSISTERA ETERNELLEMENT.*
    - *ILS DEDAIGNENT CE MONDE ET, A TRAVERS CE REFUS, ILS SE MONTRENT ENCHANTES. ILS REGARDENT SES HABITANTS ABASOURDIS, MARQUES PAR LES SIGNES DU CHATIMENT.*
- ***AUSSI, VIVIFIENT-ILS LE SOUVENIR DE LA MORT ET FONT RENDRE L'AME A LA VIE.*** *ILS AIMENT DIEU PUISSANT ET GRAND, CHERISSENT SON RAPPEL, RECHERCHENT SA LUMIERE ET S'Y ILLUMINENT. ILS S'ATTRIBUENT LA MERVEILLEUSE NOUVELLE MISE A LEUR DISPOSITION.*

- ***C'EST PAR EUX QUE LE LIVRE SE DRESSE ET AVEC LUI ILS S'ELEVENT.*** *C'EST AVEC EUX QUE LE LIVRE S'EXPRIME ET PAR LUI ILS S'EXTERIORISENT C'EST LE LIVRE QUI LES INSTRUIT ET C'EST PAR LUI VRAIMENT MES WALIS.*

  - *QUAND TU LES RENCONTRES, MONTRE-TOI HUMBLE AVEC EUX ET DOMPTE TON CŒUR ET TA LANGUE DEVANT EUX.*

- ***SACHE QUE CELUI QUI OFFENSE UN WALI OU L'INTIMIDE ENTRE EN BELLIGERANCE AVEC MOI*** *ET, PRENANT L'INITIATIVE, IL ME LIVRE UN DUEL. AINSI, IL M'OPPOSE SA PERSONNE ET M'APPELLE A ELLE. QUANT A MOI, JE SUIS LE PLUS PROMPT A SECOURIR MES SAINTS.*

***CELUI QUI ME COMBAT, PENSE-T-IL QU'IL ME REND IMPUISSANT ?*** *OU CELUI QUI SE BAT EN DUEL CONTRE MOI, CROIT-IL QU'IL ME DEVANCERA OU ME SURPASSERA?*

- ***COMMENT POURRAIT-IL LE FAIRE ALORS QUE C'EST MOI LEUR VENGEUR EN CE MONDE ET DANS LA VIE DERNIERE ?*** *JE LEUR PROCURE LA VICTOIRE PAR MOI-MEME ET JE NE CHARGE PERSONNE DE CETTE TACHE." »*

***'ATA IBN YASAR,*** *SUIVANT UNE CHAINE QUI REMONTE A* ***AHMAD****, A DIT :*

***« MOÏSE - QUE LA PAIX SOIT SUR LUI - A DIT :***

- ***"Ô SEIGNEUR !*** *QUELS SONT TES HOMMES (LES TIENS, AHLUKA) CEUX QUE TU ABRITES SOUS L'OMBRE DE TON TRONE ?"* ***IL DIT :***

- ***"CE SONT CEUX DONT LES MAINS SONT INNOCENTES ET DONT LES CŒURS SONT PURS,*** *CEUX QUI S'AIMENT MUTUELLEMENT EN MA MAJESTE, CEUX QUI, LORSQUE JE SUIS MENTIONNE, MA MENTION RAMENE LEUR MENTION. ET QUAND ILS SONT MENTIONNES LEUR MENTION RAMENE A MA MENTION.*

- ***CEUX QUI RENFORCENT (YUSBIGHUNA) LEURS ABLUTIONS POUR LE MOINDRE MAKRUH,*** *CEUX QUI SE REFUGIENT DANS MON INVOCATION, DE LA MEME MANIERE QUE LES AIGLES SE REFUGIENT DANS LEUR TANIERE (NID),*

- ***CEUX QUI S'IMPLIQUENT ENTIEREMENT DANS MON AMOUR,*** *DE LA MEME MANIERE QUE L'ENFANT S'ASSUME ENTIEREMENT DANS L'AMOUR DES GENS, QUI MANIFESTENT LEUR COLERE QUAND MES INTERDITS SONT RENDUS LICITES, DE LA MEME MANIERE QUE LE TIGRE S'EXASPERE QUAND IL EST ATTAQUE." »*

***ABU BAKR IBN 'AYYASH,** SELON **IDRIS IBN WAHB** QUI LE TIENT DE SON PERE, A DIT CECI :*

*« **IBN 'ABBAS** A ETE INFORME QUE DES GENS SE QUERELLAIENT DEVANT LA PORTE DES **BANU SAHM** A PROPOS DU **QADAR (LA DESTINEE).***

- *IL REMIT SON BATON CROCHU A **'IKRIMA** ET POSA UNE DE SES MAINS SUR MOI ET L'AUTRE SUR **TAWOUS**. LORSQU'IL REJOIGNIT CES GENS, CEUX-CI LUI FIRENT PLACE ET L'ACCUEILLIRENT AVEC CORDIALITE.*

***SANS PRENDRE LA PEINE DE S'ASSEOIR, IL DIT :***

- ***"NE SAVEZ- VOUS PAS QU'A DIEU APPARTIENNENT DES ADORATEURS QUE LA CRAINTE REDUIT AU SILENCE** SANS QU'ILS SOIENT POUR AUTANT MUETS DU INCAPABLES DE PARLER DE MANIERE INTELLIGIBLE ?*

- ***CE SONT POURTANT DES SAVANTS D'UNE GRANDE ELOQUENCE, LOQUACES ET NOBLES** QUI CONNAISSENT LES JOURS DE DIEU MAIS, QUAND ILS SE REMEMORENT LA GRANDEUR DE DIEU, ILS PERDENT LA TETE, LEURS CŒURS SE BRISENT ET LEURS LANGUES CESSENT DE PARLER.*

***LORSQU'ILS REPRENNENT CONNAISSANCE DE LEUR ETAT,** ILS COURENT DE VITESSE VERS DIEU LE PUISSANT, LE GRAND EN S'ACQUITTANT D'ŒUVRES EMPREINTES DE PURETE." »*

***DANS UNE AUTRE VERSION,** IL EST DIT:*

- ***«ILS SE COMPTENT AU NOMBRE DE GENS INFINIMENT PETITS ET NEGLIGENTS** ALORS QU'ILS SONT A LA FOIS D'UNE FINE INTELLIGENCE ET VIGOUREUX. ILS SE COMPTENT AU NOMBRE DE GENS FAUTIFS ET INJUSTES BIEN QUE L'HONNETETE ET L'INNOCENCE LES CARACTERISENT*

- ***POUR CERTAINS MEME,** BEAUCOUP D'ŒUVRES DE PIETE N'EST JAMAIS ASSEZ, ET ILS NE SONT PAS SATISFAITS DE PEU. SEULE LA PUBLICATION DE LEURS ŒUVRES LES DEFINIT.*

- ***QUAND TU LES RENCONTRES,** TU LES VOIS PREOCCUPES PAR LEURS DEVOIRS, COMPATISSANTS, TIMIDES ET CRAINTIFS. »*

*À LA SUITE DE QUOI, **IBN 'ABBAS** LES QUITTA ET RETOURNA VERS L'ENDROIT OU IL SE TROUVAIT PRECEDEMMENT.*

***LE CHEIKH ABU MUHAMMAD 'ABD ALLAH,** SELON UNE CHAINE REMONTANT A **'ALI IBN ABI TALIB,** A DIT :*

- ***« INSTRUISEZ-VOUS ET AINSI VOUS ACQUERREZ DES CONNAISSANCES.*** *METTEZ EN PRATIQUE CE QUE VOUS APPRENEZ ET VOUS COMPTEREZ ALORS AU NOMBRE DES HOMMES DE SCIENCE.*

- ***APRES VOUS, IL ARRIVERA UN TEMPS OU LES NEUF DIXIEMES DE LA VERITE SERONT MECONNUS.*** *NE SERA SAUVE QUE CELUI QUI DESAVOUE LE MAL, RACINE DE TOUS LES SYNDROMES, AINSI QUE SES AUTEURS.*

- ***CEUX-LA SONT LES IMAMS (GUIDES) DE LA GUIDANCE ET LES LUMINAIRES DE LA SCIENCE.*** *ILS NE SONT POINT DE CEUX QUI, EN ENTENDANT UNE CHOSE DE QUELQU'UN OU LA VOYANT EN LUI, SONT PROMPTS A LA COLPORTER. »*

*PUIS IL DIT :*

- ***« LE MONDE PRESENT DEMENAGE EN TOURNANT LE DOS, TANDIS QUE LA VIE DERNIERE APPROCHE.*** *CHACUN DES DEUX POSSEDE SA PROGENITURE. SOYEZ DONC PARMI LA DESCENDANCE DE LA VIE DERNIERE ET NE SOYEZ PAS DE CELLE DU MONDE ACTUEL. CERTES, LES ASCETES EN CE MONDE ONT FAIT DE SON SOL UN TAPIS, DE SA TERRE UNE LITERIE ET DE SON EAU UN DELICE.*

- ***QUE CELUI QUI ASPIRE ARDEMMENT AU PARADIS SE CONSOLE DES DESIRS DE CE BAS MONDE.*** *ET QUE CELUI QUI CRAINT D'ETRE TERRASSE PAR L'ENFER SE DETOURNE DES INTERDITS. C'EST QUE LES MALHEURS S'ALLEGENT POUR CELUI QUI FAIT PREUVE D'ABSTINENCE EN CE MONDE.*

- ***À DIEU APPARTIENNENT DES ADORATEURS COMME CELUI QUI APERÇOIT LES HOTES DU PARADIS Y VIVRE ETERNELLEMENT ET CEUX DE L'ENFER Y ETRE CHATIES.*** *ILS SONT A L'ABRI DE LEURS MECHANCETES, LEURS CŒURS AFFLIGES, LEURS AMES VERTUEUSES ET LE POIDS DE LEURS ŒUVRES ALLEGE. ILS ONT FAIT PREUVE DE PATIENCE UN COURT MOMENT, SUIVI D'UN LONG REPOS.*

- ***LA NUIT, LEURS LARMES COULENT SUR LEURS JOUES, INVOQUANT LEUR SEIGNEUR : "NOTRE SEIGNEUR ! NOTRE SEIGNEUR !"*** *ILS DEMANDENT A ETRE DEBARRASSES DE LEURS JOUGS. QUANT AU JOUR, CE SONT DE SAGES SAVANTS RESSEMBLANT A DES BOURGEONS DE FLEURS.*

*CELUI QUI LES REGARDE SE DIT :*

- ***"CE SONT DES MALADES !*** *QUELLE EST LA MALADIE QUI A ATTEINT CES GENS ? ILS SONT CONFONDUS."* ***C'EST QUE LES GENS SE SONT CONFONDUS DANS UNE AFFAIRE ENORME. »***

***AL-HASAN,*** *SUIVANT UNE CHAINE QUI REMONTE A* ***ABU AL-FATH MUHAMMAD IBN 'ABD AL-BAQI,*** *A DIT :*

- ***« LE CROYANT EST GARANT DE LUI-MEME ET, POUR DIEU, IL DEMANDE DES COMPTES A SON AME.*** *LE JOUR DE LA RESURRECTION, LA REDDITION DES COMPTES SERA PENIBLE POUR CEUX QUI, DANS CETTE AFFAIRE, N'AURONT PAS PRIS EN CONSIDERATION LEUR EXAMEN DE CONSCIENCE.*

- ***QUAND UNE CHOSE SE MANIFESTERA A L'IMPROVISTE AU CROYANT*** *ET QUE CETTE CHOSE LUI PLAIRA, IL DIRA :* ***"PAR DIEU ! JE TE DESIRE CAR TU FOIS PARTIE DE MES BESOINS. CEPENDANT, PAR DIEU, AUCUN LIEN NE ME RATTACHE A TOI."***

- *AUSSI S'EN DESINTERESSE-T-IL QUELQUE PEU ET DIT :* ***"JE N'AI PAS VOULU CELA POUR MOI. C'EST POURQUOI, PAR DIEU, JE NE M'Y LAISSERAI PAS TROMPER. PAR DIEU, JE N'Y SUCCOMBERAI JAMAIS, SI DIEU LE VEUT."***

- ***C'EST QUE LES CROYANTS APPARTIENNENT A CETTE CATEGORIE DE GENS DONT LE CORAN*** *FREINE LES ELANS ET S'INTERPOSE ENTRE EUX ET LEUR PERDITION.*

***LE CROYANT EST UN CAPTIF EN CE MONDE.*** *IL S'EFFORCE DE SE LIBERER DE SON JOUG. IL NE CROIT EN UNE CHOSE QUE LORSQUE, RENCONTRANT DIEU, IL SAIT QUE TOUT CE QU'IL ENTEND, VOIT, PRONONCE ET REALISE DE SES MEMBRES, LUI SERA INCOMBE. »*

***AL-HASAN*** *AVAIT POUR HABITUDE DE DIRE :*

- ***« EN CE MONDE, LE CROYANT EST COMME UN ETRANGER.*** *LES HUMILIATIONS, QUI EN RESULTENT, NE LE DESOLENT PAS. IL NE DISCUTE PAS LES HONNEURS QUE CE MONDE PROCURE A SES HABITANTS.*

    - *C'EST QUE LES GENS VIVENT DANS UN CERTAIN ETAT. QUANT A LUI, IL EN CONNAIT UN AUTRE. IL NE SE PREOCCUPE QUE DE LUI-MEME. LES GENS SONT A L'AISE AVEC LUI. ET SON AME DEMEURE TENACE A L'EGARD DE LUI-MEME.*

- ***PAR DIEU ! J'AI VU DES GENS QUI, EN CE QUE DIEU LEUR A RENDU LICITE, ETAIENT PLUS ASCETIQUES QUE VOUS A PROPOS DE CE QUE DIEU VOUS A INTERDIT, EN LEURS CŒURS, ILS ETAIENT PLUS CLAIRVOYANTS EN MATIERE DE RELIGION QUE VOTRE DISCERNEMENT.***

    - *LA CRAINTE QUE LEURS BONNES ŒUVRES SE RETOURNENT CONTRE EUX ETAIT PLUS GRANDE QUE CELLE DU CHATIMENT QUE VOS MAUVAIS ACTES ENTRAINERAIENT POUR VOUS.*

- ***LORSQUE LA NUIT LES COUVRAIT DE SON OBSCURITE, (ILS S'ADONNAIENT A LA PRIERE*** *ET, A CET EFFET) ILS SE DRESSAIENT SUR LES EXTREMITES DE LEURS PIEDS, PUIS S'ALLONGEAIENT, LEURS FACES A MEME LE SOL.*

- ***LEURS LARMES COULANT SUR LEURS JOUES,*** *ILS S'ADRESSAIENT INTIMEMENT A LEUR SEIGNEUR AFIN QU'IL LES LIBERE DE LEUR JOUG. »*

*IL A DIT :* ***«JE JURE PAR CELUI DONT MON AME EST ENTRE LES MAINS*** *:*

- *QU'UN SERVITEUR NE PRETENDRA CROIRE EN L'HEURE QUE S'IL FOND EN LARMES OU S'EREINTE OU SE FANE OU S'AFFLIGE OU ENCORE SE SENTE A L'ETROIT SUR LA TERRE EN DEPIT DE SON ETENDUE. »*

*IL A DIT :* ***« QUE DIEU AIT EN SA MISERICORDE LE SERVITEUR QUI SE SUFFIT D'UNE SEULE MANIERE DE VIVRE*** *ET, DE CE FAIT :*

- *MANGE UNE TRANCHE DE PAIN, SE VET D'UN VETEMENT RAPE, ADHERE SON CORPS A LA TERRE, DEPLOIE DES EFFORTS DANS L'ADORATION DE DIEU, PLEURE LE PECHE, FUIT LE CHATIMENT ET DESIRE LA MISERICORDE DE DIEU, EN RESTANT AINSI, JUSQU'A LA MORT. »*

***AL-HASAN,*** *SUIVANT UNE CHAINE DE GARANTS REMONTANT A* ***ABU MUHAMMAD 'ABD ALLAH,*** *A DIT : « LES LECTEURS DU CORAN SONT DE TROIS SORTES :*

1. ***IL Y A L'HOMME QUI CONSIDERE QUE LE LIVRE EST UNE MARCHANDISE*** *QU'IL TRANSPORTE D'UNE PROVINCE A UNE AUTRE ET, PAR CE BIAIS, QUEMANDE CE QUE LES GENS POSSEDENT.*

2. ***IL Y A DES GENS QUI ONT LU LE CORAN ET EN ONT APPRIS PAR CŒUR*** *LES LETTRES MAIS ILS EN ONT PERDU LES LIMITES.*

3. ***ILS EN FONT UN COMMERCE AUPRES DES GOUVERNANTS,*** *MAIS FONT PREUVE D'ARROGANCE VIS-A-VIS DES HABITANTS DE LEUR PAYS.*

*LES GENS DE CETTE ESPECE SONT NOMBREUX PARMI LES PORTEURS DU CORAN. »*

***AL-HASAN*** *POURSUIT : « QUE DIEU N'EN AUGMENTE PAS LE NOMBRE ! IL Y A ENFIN L'HOMME QUI LIT LE CORAN.*

- ***IL COMMENCE PAR S'INSTRUIRE DU REMEDE*** *PROCURE PAR LE CORAN ET LE PRESCRIT AU MAL DONT SOUFFRE SON CŒUR.*

- ***IL PASSE SES NUITS EN VEILLE.*** *SES YEUX SE BAIGNENT DE LARMES.*

- ***IL EST DE CEUX QUI S'ENVELOPPENT DE TRISTESSE,*** *SE VETENT DE CRAINTE, SEJOURNENT LONGTEMPS DANS LEURS NICHES DE PRIERE ET SE PLOIENT DANS LEURS MANTEAUX (BURNOUS).*

***C'EST PAR EUX QUE DIEU DEVERSE UNE PLUIE ABONDANTE,*** *FAIT DESCENDRE LE TRIOMPHE ET REPOUSSE LA CALAMITE.*

- ***PAR DIEU !*** *CETTE CATEGORIE DE PORTEURS DU CORAN EST PLUS RARE QUE LA PIERRE PHILOSOPHALE. »*

# *LE PROPHETE MUHAMMAD (PBSL)*

***L'HISTOIRE DE MUHAMMAD (PBSL)***

***ABU MUHAMMAD 'ABD ALLAH,*** *SELON UNE CHAINE DE GARANTS REMONTANT A* ***IBN ISHAQ,*** *A DIT :*

***« PUIS DIEU LE TRES-HAUT ORDONNA A SON ENVOYE*** *- QUE LA PRIERE ET LA PAIX SOIENT SUR LUI - DE TRANSMETTRE CE QU'IL AVAIT REÇU, D'APPELER LES GENS A SON COMMANDEMENT ET DE LES INVITER A S'Y CONFORMER.*

***L'ENVOYE DE DIEU - QUE DIEU LUI ACCORDE LA GRACE ET LA PAIX - GARDA SECRET L'ORDRE DIVIN ET LE TUT TROIS ANNEES*** *DURANT A PARTIR DE L'AVENEMENT DE SA PROPHETIE.* ***C'EST ALORS QUE DIEU LE TRES-HAUT*** *LUI REVELA :*

- ***« EXPOSE DONC CLAIREMENT CE QU'ON T'A COMMANDE ET DETOURNE-TOI DES ASSOCIATEURS. »***

*IL LUI DIT AUSSI :*

- ***AVERTIS LES GENS QUI TE SONT LES PLUS PROCHES*** *ET ABAISSE TON AILE (SOIS BIENVEILLANT) POUR LES CROYANTS QUI TE SUIVENT ET DIS :* ***"JE NE SUIS QU'UN AVERTISSEUR EXPLICITE."***

***LORSQUE LE PROPHETE - QUE DIEU LUI ACCORDE LA GRACE ET LA PAIX*** *- APPELA LES GENS A L'ISLAM ET LE PRECHA OUVERTEMENT COMME LE LUI AVAIT ORDONNE DIEU, SON PEUPLE, EN PREMIER LIEU, NE LUI MONTRA PAS D'HOSTILITE ET NE REPLIQUA PAS - SELON CE QUI M'EST PARVENU - COUP SUR COUP,* ***JUSQU'AU JOUR OU IL MENTIONNA LEURS DIVINITES ET LES RAILLA.***

***QUAND IL SE COMPORTA DE CETTE FAÇON, LES GENS AVAIENT ALORS DONNE DE L'IMPORTANCE A CE QU'IL DISAIT.*** *AUSSI LE DESAVOUERENT-ILS ET S'UNIRENT-ILS ENTRE EUX, MANIFESTANT DE LA SORTE LEUR DESACCORD ET LEUR HOSTILITE, A L'EXCEPTION DE CEUX QUI EMBRASSERENT L'ISLAM, MAIS ILS ETAIENT PEU NOMBREUX, ET DEDAIGNES PAR LES AUTRES.*

***SON ONCLE PATERNEL, ABU TALIB, SE MONTRA BIENVEILLANT A SON EGARD.*** *LE PROPHETE - QUE DIEU LUI ACCORDE LA GRACE ET LA PAIX - POURSUIVIT LA MISSION ORDONNEE PAR DIEU SANS QUE RIEN NE PUISSE L'EN DETOURNER.*

- ***LES QURAYSH VIRENT QUE L'ENVOYE DE DIEU*** *- QUE DIEU LUI ACCORDE LA GRACE ET LA PAIX - NE S'ATTAQUAIT PAS A EUX PERSONNELLEMENT MAIS IL S'ISOLAIT D'EUX ET SURTOUT DENIGRAIT LEURS DIVINITES.*

*SACHANT **QU'ABU TALIB** LE PROTEGEAIT ET NE L'ABANDONNAIT PAS, DES HOMMES DE **QURAYSH, 'OTBA IBN RABI'A, SHAYBA IBN RABI'A, ABU SUFYAN IBN HARB, ABU AL-BUKHTURI IBN HISHAM, AL-ASWAD IBN AL-MUUALIB, WALID IBN AL-MUGHIRA, ABU JAHL IBN HISHAM, AL-'ÂS IBN WAYIL, NABIH,** LES ENFANTS **D'AL-HAJJAJ** ET TOUS CE QUI LES AVAIENT RALLIES, RESOLURENT D'ALLER CHEZ ABU TALIB. ILS LUI TINRENT CE DISCOURS :*

- ***Ô ABU TALIB !** LE FILS DE TON FRERE INSULTE NOS DIVINITES, DENIGRE NOTRE RELIGION, RIDICULISE NOS CROYANCES ET EGARE NOS FILS.*

- ***DE DEUX CHOSES L'UNE :** OU TU L'EMPECHES D'AGIR DE LA SORTE ENVERS NOUS, OU TU LAISSES L'AFFAIRE ENTRE LUI ET NOUS, SACHANT QUE TON DIFFEREND AVEC LUI EST LE MEME QUE LE NOTRE.*

***ABU TALIB LEUR DIT DES PAROLES DOUCES ET LEUR DONNA DE BELLES REPONSES.** À LA SUITE DE QUOI, ILS PARTIRENT. QUANT A L'ENVOYE DE DIEU - QUE DIEU LUI ACCORDE LA GRACE ET LA PAIX -, IL CONTINUA SA MISSION, DIFFUSANT LA RELIGION DE DIEU ET APPELANT LES GENS A S'Y CONFORMER.*

***L'AFFAIRE S'AGGRAVA ENTRE EUX AU POINT QUE LES HOMMES S'ELOIGNAIENT LES UNS DES AUTRES** ET SE VOULAIENT RECIPROQUEMENT DU MAL. MENTIONNER L'ENVOYE DE DIEU - QUE DIEU LUI ACCORDE LA GRACE ET LA PAIX - ETAIT DEVENU COURANT PARMI LES QURAYSH.*

***ILS S'ADRESSAIENT MUTUELLEMENT DES REPROCHES.** LES UNS EXCITAIENT LES AUTRES CONTRE LUI. C'EST DANS CE CONTEXTE, QU'ILS SE RENDIRENT CHEZ ABU TALIB UNE SECONDE FOIS ET LUI DIRENT :*

- ***Ô ABU TALIB !** TU ES AGE, HONORE ET D'UN RANG ELEVE. NOUS T'AVONS DEMANDE DE METTRE FIN AUX AGISSEMENTS DE TON NEVEU. TU N'EN AS RIEN FAIT.*

- ***PAR DIEU !** NOUS NE POUVONS PLUS SUPPORTER LES INJURES FAITES A NOS ENFANTS, LES ACCUSATIONS D'IMPUDENCE ENVERS NOTRE SAGESSE ET LES RAILLERIES CONTRE NOS DIVINITES ! TU DOIS L'EN EMPECHER OU ALORS NOUS LE COMBATTRONS JUSQU'A CE QUE L'UNE DES DEUX PARTIES SUCCOMBE.*

***APRES QUOI, ILS PARTIRENT. ABU TALIB MESURA LA GRAVITE DE LA SEPARATION DE SON PEUPLE ET SON ANIMOSITE.** IL NE POUVAIT NI SE PLAIRE DANS L'ISLAM DE L'ENVOYE DE DIEU - QUE DIEU LUI ACCORDE LA GRACE ET LA PAIX - NI RENONCER A LUI.*

***IBN ISHAQ*** *A DIT : «* ***LORSQUE LES QURAYSH TINRENT CE DISCOURS A ABU TALIB,*** *CELUI-CI FIT VENIR L'ENVOYE DE DIEU - QUE DIEU LUI ACCORDE LA GRACE ET LA PAIX - ET LUI DIT :*

- ***Ô FILS DE MON FRERE !*** *DES GENS DE TON PEUPLE SONT VENUS ME VOIR. ILS M'ONT DIT CECI ET CELA. EPARGNE-MOI ET EPARGNE-TOI LES EPREUVES ET LES MALHEURS. NE ME FAIS PAS SUPPORTER CE QUE JE NE PEUX PAS ENDURER.*

***IL SEMBLA A L'ENVOYE DE DIEU*** *- QUE DIEU LUI ACCORDE LA GRACE ET LA PAIX - QUE SON ONCLE PATERNEL L'ABANDONNAIT ET RENONÇAIT A LUI, QUE LE SECOURS ET L'ASSISTANCE QU'IL LUI APPORTAIT, FAIBLISSAIENT. AUSSI LUI DIT-IL :*

- ***ONCLE !*** *COMBIEN MEME ILS PLACERAIENT LE SOLEIL DANS MA MAIN DROITE ET LA LUNE DANS MA MAIN GAUCHE AFIN QUE JE DELAISSE MA MISSION, JE NE L'ABANDONNERAI PAS JUSQU'A CE QUE DIEU LA FASSE TRIOMPHER OU QUE JE PERISSE.*

*PUIS, IL SE MIT A PLEURER ET S'APPRETA A PARTIR. QUAND IL EUT LE DOS TOURNE, ABU TALIB L'APPELA :* ***REVIENS O FILS DE MON FRERE ! QUAND L'ENVOYE DE DIEU*** *SE RETOURNA VERS LUI, IL LUI DIT :*

- ***VA O FILS DE MON FRERE ! FAIS CE QUI TE PLAIT ! PAR DIEU ! JE NE T'ABANDONNERAI JAMAIS ! »***

***AL-AMAWI,*** *SELON UNE CHAINE DE GARANTS REMONTANT A* ***'UQAYL IBN ABI TALIB,*** *A DIT : « LES* ***QURAYSH*** *SONT VENUS CHEZ* ***ABU TALIB*** *ET LUI ONT DIT :*

***LE FILS DE TON FRERE PORTE ATTEINTE A CE QUE NOUS AVONS DE MEILLEUR.*** *CELA NE NOUS REJOUIT PAS ET NE NOUS CONVIENT PAS. IL NE FAUT PAS QUE SA PREDICATION SE FASSE PRES DE LA KA'BA OU DE NOS LIEUX DE REUNIONS, SANS QUOI, NOUS JURONS PAR DIEU QUE NOUS L'EXPULSERONS.* ***APRES LEUR DEPART, ABU TALIB DIT :***

- ***'UQAYL ! DEMANDE A MUHAMMAD DE VENIR ME VOIR.*** *JE L'AI TROUVE DANS LA MAISON DE 'ABD AL-MUTTALIB. IL SORTIT AVEC MOI, TRANSI DE FROID, ENVELOPPE DANS UN VETEMENT ET PIEDS NUS. IL MARCHA A L'OMBRE JUSQU'A L'ENDROIT OU ABU TALIB SE TROUVAIT.*

***LE PROPHETE - QUE DIEU LUI ACCORDE LA GRACE ET LA PAIX*** *- S'ASSIT AU SEUIL DE LA PORTE. ABU TALIB LUI DIT :*

- *VIENS ICI, O FILS DE MON FRERE. Ç'EST LA MA PLACE !* ***O FILS DE MON FRERE ! TON PEUPLE TE TRAITE AVEC EQUITE.*** *IL PROPOSE QUE TA PREDICATION, LORS DE VOS REUNIONS, SE LIMITE A TOI ET TES COMPAGNONS. ELLE NE DOIT SE PRODUIRE NI A LA KA'BA, NI DANS LES LIEUX DE REUNION. »*

***'UQAYL DIT :***

- ***« PAR DIEU ! JE NE L'AVAIS JAMAIS ENTENDU L'APPELER PAR SON NOM AVANT CE JOUR.*** *MAIS IL L'APPELAIT TOUJOURS SI : "Ô ONCLE !" OR, CE JOUR-LA, IL DIT :* ***O ABU TALIB !*** *POURRAIS-TU CACHER CE SOLEIL, SI TU VOULAIS LE CACHER ?*

- ***PRENDS TON TEMPS ! PAR DIEU !*** *NOUS NE TE FERONS PAS DEFECTION ET NOUS NE T'ABANDONNERONS PAS. J'EN TEMOIGNE PAR MON PERE ET MA MERE. »*

***ZIYAD IBN 'ABBAS*** *A DIT :*

***« LES QURAYSH SE RENDIRENT CHEZ ABU TALIB,*** *EMMENANT AVEC EUX* ***'IMARA IBN AL-WALID****, ET LUI DIRENT :*

- ***Ô ABU TALIB ! CELUI-CI EST IMARA IBN AL-WALID.*** *C'EST LE PLUS VALEUREUX, LE PLUS POETE ET LE PLUS BEAU DES JEUNES DE QURAYSH. PRENDS-LE AVEC TOI. SA RAISON ET SA CLAIRVOYANCE T'APPARTIENNENT. PRENDS-LE COMME FILS. IL EST A TOI, ET REMETS NOUS EN ECHANGE LE FILS DE TON FRERE, CELUI-LA MEME QUI NE PARTAGE PAS TA RELIGION, CELLE DE TES ANCETRES. IL A DIVISE LA COMMUNAUTE DE TON PEUPLE ET RIDICULISE SES CROYANCES. NOUS LE TUERONS CAR C'EST UN HOMME COMME TOUS LES AUTRES.*

- ***PAR DIEU ! QUE ME DEMANDEZ-VOUS DE FAIRE ?*** *VOUS ME REMETTEZ VOTRE FILS POUR QUE JE LE NOURRISSE ET QUE JE VOUS DONNE MON FILS POUR QUE VOUS LE TUIEZ. CELA NE SE FERA JAMAIS.*

***AL-MAT'AM IBN 'ADDÎ IBN NAWFAL IBN 'ABD AL-MANÂF DIT:***

- ***PAR DIEU ! Ô ABU TALIB !*** *TON PEUPLE S'EST MONTRE EQUITABLE. ILS SE SONT EFFORCES DE TE DELIVRER DE CE QUE TU DETESTES.*

***JE REMARQUE QUE TU N'ACCEPTES RIEN.*** *ABU TALIB DIT A MAT'AM QUELQUE CHOSE DE CE GENRE :*

- ***PAR DIEU !*** *VOUS N'ETES PAS EQUITABLES ENVERS MOI, MAIS VOUS ETES UNANIMES POUR ME FAIRE DEFECTION ET RETOURNER LE PEUPLE CONTRE MOI. FAIS CE QUE BON TE SEMBLE. »*

***ZIYAD****, SELON* ***IBN MAS'UD****, A DIT :*

***« ABU TALIB PERDIT DE VUE L'ENVOYE DE DIEU*** *- QUE DIEU LUI ACCORDE LA GRACE ET LA PAIX - PENDANT DEUX JOURS. IL EUT BEAUCOUP DE PEINE. IL CRUT QU'IL AVAIT ETE ASSASSINE.*

***IL LE FIT RECHERCHER, MAIS EN VAIN.*** *IL CONVOQUA SES ENFANTS, CEUX DE SON FRERE ET TOUS CEUX DES* ***BANU HISHAM*** *QUI PARTAGEAIENT LEUR OPINION, ET D'AUTRES ENCORE.*

- ***IL LEUR DIT:*** *PRENEZ VOS ARMES ET GARDEZ VOS POSITIONS. IL DONNA A SES FILS ET A CEUX DE SON FRERE DES COUTEAUX QU'ILS AIGUISERENT.*
- ***IL DIT ALORS*** *:* ***J'AI CHERCHE MUHAMMAD DANS SES ENDROITS HABITUELS A L'EXCEPTION DU COTE DE LA MONTAGNE*** *QUI SURPLOMBE LA MECQUE. SI VOUS LE RENCONTREZ, FAITES-LE LUI SAVOIR. QUE CHAQUE HOMME D'ENTRE VOUS REJOIGNE SON COMPAGNON.*

***ABU TALIB*** *SORTIT ET SE MIT A APPELER :*

- *"O MUHAMMAD ! O MUHAMMAD !" JUSQU'A CE QU'IL AIT ATTEINT LE BAS DE LA MECQUE.*

***IL SE RENDIT A L'ENDROIT VOULU. IL Y TROUVA L'ENVOYE DE DIEU*** *- QUE DIEU LUI ACCORDE LA GRACE ET LA PAIX - EN TRAIN DE PRIER. QUAND IL L'A REJOINT, LE PROPHETE LUI DIT : QU'AS-TU, O MON ONCLE ?*

- ***PAR DIEU ! J'AI CRU QUE TU AVAIS ETE ASSASSINE.*** *TU AS FAILLI M'AMENER, AUJOURD'HUI, A FAIRE TUER MON PEUPLE A CAUSE DE TOI.*

***POURQUOI NE M'INFORMES-TU PAS QUAND TU TE RENDS QUELQUE PART,*** *AFIN QUE JE LE SACHE ?*

- ***ONCLE !*** *IL N'Y A PERSONNE PLUS QUE TOI DONT JE DESIRE QUE DIEU ME RENDE HEUREUX DANS MA MISSION PAR SA CONVERSION.*
- *TE MONTRERAI-JE UN SIGNE POUR QUE TU DEVIENNES MUSULMAN ?*
- *QUEL EST CE SIGNE ? Ô FILS DE MON FRERE !*
- *JE TE MONTRERAI UNE CHOSE QUE PERSONNE NE POURRA TE MONTRER.*
- *MONTRE-LA-MOI !*
- *VOIS-TU CET ARBRE ?*

- *OUI.*
- *JE PRIE MON SEIGNEUR QU'IL VIENNE A TOI ET QUE TU LE REGARDES DEVANT TOI.*
- *FAIS-LE.*

***L'ENVOYE DE DIEU IMPLORA SON SEIGNEUR*** *PUIS DIT :*

- ***VIENS AVEC LA PERMISSION DE DIEU.*** *L'ARBRE S'AVANÇA EN SE SECOUANT JUSQU'A LES ATTEINDRE. PRENDS DE SES FEUILLES ET DE CERTAINS DE SES BRANCHES.* ***ABU TALIB S'EXECUTA.***

***ENSUITE, LE PROPHETE DIT A L'ARBRE :*** *RETOURNE AVEC LA PERMISSION DE DIEU. L'ARBRE RETOURNA LA OU IL SE TROUVAIT. PUIS LE PROPHETE DIT :*

- ***Ô ONCLE !*** *IL T'APPARTIENT DE ME SUIVRE DANS MA MISSION.*

- ***Ô FILS DE MON FRERE !*** *VOILA POURQUOI TON PEUPLE DIT QUE TU ES UN MAGICIEN. PARS D'ICI JUSQU'A CE QUE JE DECOURAGE TON PEUPLE DE S'EN PRENDRE A TOI.*

***ABU TALIB ARRIVA AU MILIEU DES QURAYSH*** *ET SE TINT DEBOUT DEVANT EUX. ILS LUI DIRENT :*

- ***QU'AS-TU, O ABU TALIB ?*** *J'AI CRU QUE VOUS L'AVIEZ TUE. PAR LE SEIGNEUR DE CETTE MAISON SACREE ET DE LA CITE SACREE, SI VOUS L'AVIEZ FAIT, CHACUN DE CES HOMMES QUE VOUS VOYEZ (LES MEMBRES DE SA FAMILLE) AURAIT TUE SON VIS-A-VIS.*

- ***LES DEUX CAMPS SORTIRENT LEURS COUTEAUX.*** *QUAND LES QURAYSH VIRENT CETTE SCENE, ILS DESESPERERENT DE L'ENVOYE DE DIEU - QUE DIEU LUI ACCORDE LA GRACE ET LA PAIX. »*

*SELON UNE VERSION AUTRE QUE CELLE* ***D'AMAWI*** *:*

*« QUAND* ***LES QURAYSH*** *SURENT QU'ILS N'AVAIENT AUCUNE POSSIBILITE D'ATTEINDRE* ***MUHAMMAD*** *- QUE DIEU LUI ACCORDE LA GRACE ET LA PAIX -,*

- *ILS SE MIRENT D'ACCORD POUR ECRIRE TOUS ENSEMBLE, AU SUJET DES* ***BANU HISHAM*** *ET DES* ***BANU 'ABD AL-MUTTALIB****, UNE LETTRE DANS LAQUELLE ILS SE PRONONCERAIENT CONTRE TOUTE ALLIANCE MATRIMONIALE AVEC EUX ET S'ABSTIENDRAIENT DE FAIRE DU COMMERCE AVEC EUX.*

- ***ILS SE REUNIRENT ET REDIGERENT CETTE LETTRE.*** *ENSUITE, EN ACCORD SUR SON CONTENU, ILS FIRENT MUTUELLEMENT LE SERMENT DE LE RESPECTER. APRES CELA, ILS SUSPENDIRENT LA LETTRE A L'INTERIEUR DE LA KA'BA POUR S'EN CONVAINCRE EUX-MEMES.*

*LORSQUE* ***LES QURASYH*** *AGIRENT DE LA SORTE, LES BANU HISHAM ET* ***LES BANU AL-MUTTALIB*** *SE RANGERENT DU COTE D'****ABU TALIB IBN 'ABD AL-MUTTALIB.*** *ILS ENTRERENT CHEZ LUI ET SE REUNIRENT AUTOUR DE LUI.*

*APRES QUOI,* ***ABU LAHAB IBN 'ABD AL-'IZZA IBN 'ABD AL-MUTTALIB*** *QUITTA LES LIEUX ET ALLA DU COTE DES* ***QURAYSH****. IL DIT A* ***HIND BINT 'ATABA*** *:*

- ***Ô FILLE DE 'ATABA ! ALLAT ET AL-'IZZA*** *ONT-ELLES SECOURU LEURS ADEPTES ET SE SONT-ELLES SEPAREES DE CEUX QUI SE SONT SEPARES D'ELLES, SE SONT-ELLES DETOURNEES D'EUX ?*
- *EFFECTIVEMENT !*
- *QUE DIEU TE RECOMPENSE EN BIENS, O ABU 'ATABA.*

***DEPUIS, LES QURAYSH SE MIRENT A HUMILIER CEUX QUI EMBRASSERENT L'ISLAM,*** *A LEUR CAUSER DU MAL. LE MALHEUR S'ABATTIT SUR EUX AVEC PLUS D'INTENSITE. LA FITNA S'ETAIT AMPLIFIEE EN LEUR SEIN. ELLE LES AVAIT FORTEMENT SECOUES.*

*LORSQUE* ***'AMRU IBN AL-'ÂS*** *ET* ***'ABD ALLAH IBN AHI RABI'A*** *SE RENDIRENT CHEZ LE NEGUS D'ABYSSINIE ET REVINRENT INFORMER LES QURASYH DE CE QUE CE SOUVERAIN LEUR AVAIT DIT, LEUR CHAGRIN S'ACCRUT AUSSI, SOUVERAIN LEUR AVAIT DIT, LEUR CHAGRIN S'ACCRUT.*

- ***AUSSI, S'EN PRIRENT- ILS A L'ENVOYE DE DIEU ET A SES COMPAGNONS ET LEUR OCCASIONNERENT- ILS BEAUCOUP DE TORTS.***

- ***ILS LES FRAPPERENT A CHAQUE OCCASION, LES ACCULERENT*** *A DEMEURER DANS LEURS RAVINS ET LEURS COLS, LES PRIVERENT D'EAU ET LEUR INTERDIRENT LES MARCHES.*

- ***PERSONNE NE POUVAIT ENTRER CHEZ EUX POUR LEUR APPORTER A MANGER OU TOUTE AUTRE CHOSE EN MESURE DE LES PROTEGER.***

- ***LEUR SITUATION S'AGGRAVA ET DURA TROIS ANNEES,*** *AU POINT QUE LEURS FORCES S'EPUISERENT ET QUE LA VOIX DE LEURS ENFANTS CRIAIT FAMINE DE DERRIERE LEUR ESPACE ISOLE.*

***ABU TALIB*** *DIT ALORS :*

- ***N'AI-JE PAS PORTE LA NOUVELLE*** *- EN CE QUI EST ENTRE NOUS - D'UN DES MALHEURS PARTICULIERS DES BANU KA'B ?*

- ***NE SAVENT-ILS PAS QUE NOUS AVONS TROUVE EN MUHAMMAD UN PROPHETE COMME MOÏSE,*** *INSCRIT AU DEBUT DU LIVRE, QUE LES GENS AVAIENT POUR LUI UN AMOUR ET NON DE L'HOSTILITE, DE CET AMOUR DONT DIEU L'A DISTINGUE ?*

***CE QUE VOUS AVEZ AJOUTE A VOTRE LIVRE VOUS SERA UN JOUR RENDU COMME LE CHAMEAU*** *RECEMMENT NE. NOUS JURONS PAR LE SEIGNEUR DE LA MAISON (KA'BA) QUE NOUS N'ABANDONNERONS PAS MUHAMMAD. POUR 'UZZA, QUE LE TEMPS SOIT TENDRE POUR NOUS OU AFFLIGEANT.*

***ET PUISQUE LES TEMPS ECOULES SE SONT DRESSES ENTRE NOUS ET VOUS,*** *SECONDES PAR L'EPROUVANT SABRE AUX COULEURS GRISONNANTES DANS UN CHAMP DE BATAILLE ETROIT, TU VERRAS LA FIN DE L'ANEANTISSEMENT, ET LES AIGLES ORGUEILLEUX S'INCLINER COMME DES IVROGNES. ON CROIRA QUE LES CHEVAUX ETAIENT RESTES DANS LEUR ENCLOS ET QUE LA MELEE DES HEROS FAISAIT PARTIE DE LA BATAILLE DE GUERRE »*

***LE RECIT EST REPRIS SELON LA VERSION DE ZIYAD :***

***« ILS DEMEURERENT DANS CET ETAT DEUX OU TROIS ANS JUSQU'A EPUISEMENT.*** *RIEN NE LEUR PARVENAIT, SINON PEU DE CHOSES, DE LA PART DES QURAYSH QUI VOULAIENT BIEN LES LEUR FAIRE PARVENIR.*

*D'APRES CE QUI A ETE DIT,* ***ABU JAHL IBN HISHAM*** *RENCONTRA* ***HASHIM IBN HAZM IBN ASAD IBN 'ABD AL-LZZA*** *ACCOMPAGNE D'UN ENFANT QUI PORTAIT DE L'ORGE ; IL LE DESTINAIT A SA TANTE* ***KHADIJA BINT KHUWAYLAD IBN ASAD*** *QUI SE TROUVAIT AVEC L'ENVOYE DE DIEU - QUE DIEU LUI ACCORDE LA GRACE ET LA PAIX - DANS LES RAVINS.*

***ABU JAHL*** *ATTRAPA L'ENFANT ET LUI DIT : PORTES-TU DE LA NOURRITURE AUX BANU HISHAM ? TU NE QUITTERAS PAS CE LIEU, TOI ET TA NOURRITURE ! JE TE DENONCERAI A LA MECQUE !*

***ABU AL-BUKHTURI IBN HISHAM IBN AL-HARITH IBN ASAD*** *SURVINT ENTRE TEMPS ET DIT A* ***ABU JAHL*** *: QUE SE PASSE-T-IL ENTRE TOI ET LUI ? IL PORTE DE LA NOURRITURE AUX BANU HISHAM.*

- *C'EST DE LA NOURRITURE QUE SA TANTE LUI A DEMANDEE. VAS-TU LUI INTERDIRE DE LUI PORTER DE QUOI MANGER ? LAISSE-LE PASSER.*

***ABU JAHL** REFUSA D'OBTEMPERER. ILS S'INJURIERENT MUTUELLEMENT. **ABU AL-BUKHTURI** S'EMPARA D'UNE MACHOIRE DE CHAMEAU ET FRAPPA **ABU JAHL.** IL LE FIT TOMBER A TERRE ET LE PIETINA VIOLEMMENT.*

***HAMZA IBN 'ABD AL-MUTTALIB** SE TROUVAIT A PROXIMITE ET VOYAIT LA SCENE, ALORS QUE LES DEUX PROTAGONISTES SE DISPUTAIENT AU SUJET DE LA DESTINATION DE LA NOURRITURE A L'ENVOYE DE DIEU - QUE DIEU LUI ACCORDE LA GRACE ET LA PAIX – ET S'ABREUVAIENT D'INJURES.*

***AU MEME MOMENT, L'ENVOYE DE DIEU - QUE DIEU LUI ACCORDE LA GRACE ET LA PAIX** - INVITAIT SON PEUPLE, NUIT ET JOUR, EN SECRET ET OUVERTEMENT, LES APPELANT TOUS SANS EXCLUSIVE, AU NOM DE L'ORDRE DE DIEU.*

***UNE FOIS QUE LES QURAYSH SE FURENT INTERPOSES ENTRE SA FAMILLE** D'UNE PART, ET LES PARTISANS DE LA VIOLENCE ENVERS EUX D'AUTRE PART, ILS SE MIRENT A LE CALOMNIER, A SE MOQUER DE LUI ET A LUI CHERCHER QUERELLE.*

*PUIS, UN GROUPE D'ENTRE EUX S'INSURGEA AU SUJET DE LA LETTRE ECRITE PAR **LES QURAYSH** CONTRE LES **BANU HISHAM** ET LES **BANU AL-MUTTALIB**. PERSONNE NE MIT PLUS DE ZELE DANS CETTE AFFAIRE QUE **HISHAM IBN 'AMRU IBN AL-HARITH IBN HABIB IBN NASR, IBN MALIK IBN HASL, IBN 'AMIR IBN LUWI.***

*C'EST QU'IL ETAIT LE FILS DU FRERE DE **FADLA IBN HISHAM IBN 'ABD MANAF** PAR SA MERE. **FADLA ET 'AMRU** ETAIENT FRERES PAR LA MERE. **HASHIM** AVAIT DES RELATIONS INTIMES AVEC **LES BANU HISHAM**. C'ETAIT UN HOMME D'HONNEUR AU SEIN DE SON PEUPLE.*

***D'APRES CE QUI M'EST PARVENU,** IL TRANSPORTAIT LA NUIT SUR UN CHAMEAU DE LA NOURRITURE QU'IL MENAIT JUSQU'AU SEUIL DES RAVINS ET, A PARTIR DE LA, IL OTAIT LA BRIDE DE L'ANIMAL ET FRAPPAIT SA CROUPE. AINSI, LA BETE PENETRAIT DANS L'ENCEINTE DE L'ENDROIT RECULE, CHARGEE DE FROMENT.*

- *IL ALLA CHEZ **ZUHAYR IBN ABI UMMIYYA IBN AL-MUGHIRA IBN 'ABD ALLAH IBN MAKHZUM** DONT LA MERE ETAIT **'ÂTIKA BINT 'ABD AL-MUTTALIB** ET LUI DIT:*

- ***COMMENT, ZUHAYR,** PEUX-TU ACCEPTER DE TE NOURRIR ET DE TE VETIR, AU MOMENT OU TES ONCLES MATERNELS SE TROUVENT DANS LA SITUATION QUE TU CONNAIS ? ILS SONT INTERDITS DE COMMERCE. IL LEUR EST INTERDIT TOUT LIEN MATRIMONIAL D'UN COTE COMME DE L'AUTRE.*

*QUANT A MOI, JE JURE PAR DIEU QUE SI LES ONCLES MATERNELS D'**ABU AL-HUKM IBN HISHAM** M'APPELAIENT COMME ILS T'ONT APPELE, J'ACQUIESCERAI A LEUR DEMANDE.*

- ***MALHEUR A TOI ! O HISHAM !*** *QUE PUIS-JE FAIRE ? JE SUIS UN HOMME SEUL PAR DIEU S'IL Y AVAIT UN AUTRE HOMME AVEC MOI, JE DENONCERAI LE TRAITE.*
- *TU AS TROUVE CET HOMME.*
- *QUI EST-IL ?*
- *MOI.*
- *JE VOUDRAIS UN TROISIEME.*

*IL ALLA CHEZ **MAT'AM IBN 'ADDI IBN NAWFAL** ET LUI DIT : **Ô MAI'AM !** ACCEPTES-TU QU'UNE FRACTION DES BANU 'ABD AL-MANAF PERISSE EN ETANT, TOI, TEMOIN DE CETTE SITUATION ET EN ACCORD AVEC LES QURAYSH ?*

- ***PAR DIEU !*** *SI VOUS LEUR PERMETTEZ D'AGIR DE LA SORTE, VOUS LES VERREZ SE RETOURNER RAPIDEMENT CONTRE VOUS.*
- ***MALHEUR A TOI !*** *QUE DOIS-JE FAIRE ? JE SUIS UN HOMME SEUL.*
- *TU AS TROUVE UN SECOND.*
- *QUI EST-IL ?*
- *MOI.*
- *JE VOUDRAIS UN TROISIEME.*
- *C'EST FAIT.*
- *QUI EST-IL ?*
- *C'EST **ZUHAYR IBN ABI UMMIYYA.***
- *TROUVE-NOUS UN QUATRIEME.*
- *ALLONS VOIR **ABU AL-BUKHTURI IBN HISHAM.***

*IL ALLA LE VOIR ET LUI TINT LES MEMES PROPOS QU'A **MAT'AM IBN 'ADDI.***

- *Y A-T-IL QUELQU'UN POUR NOUS AIDER DANS CETTE ENTREPRISE ?*
- *OUI.*
- *QUI EST-IL ?*
- *CE SONT **ZUHAYR IBN ABI UMMIYA, AL-MAT'AM IBN 'ADDI** ET MOI-MEME.*
- *IL NOUS FAUT UN CINQUIEME.*

*IL SE RENDIT AUSSITOT CHEZ **ZAM'A IBN AL-ASWAD IBN AL-MUTTALIB.** IL LUI RAPPELA SA PARENTE AVEC LA FAMILLE DU PROPHETE, ET SES DROITS.*

- *AS-TU QUELQU'UN DANS CETTE AFFAIRE A ME PROPOSER ?*
- *OUI.*

*ET IL LUI NOMMA LES GENS QUI ETAIENT DE LEUR COTE. ILS SE DONNERENT RENDEZ-VOUS LA NUIT A UN ENDROIT PRECIS SITUE SUR LES HAUTEURS DE* ***LA MECQUE****. ILS SE REUNIRENT EN CE LIEU. ILS SE MIRENT D'ACCORD SUR CE QU'ILS DEVAIENT ENTREPRENDRE.*

*ILS PRIRENT L'ENGAGEMENT DE LUTTER CONTRE LA DECISION CONTENUE DANS* ***LA PROCLAMATION SUSPENDUE A L'INTERIEUR DE LA KA'BA*** *JUSQU'A CE QU'ELLE SOIT RESILIEE. À CE MOMENT,* ***ZUHAYR*** *PRIT LA PAROLE :*

- *JE PRENDRAI L'INITIATIVE. JE SERAI LE PREMIER A PARLER.*

***LE LENDEMAIN,*** *ILS PARTIRENT TOT.* ***ZUHAYR IBN ABI UMMIYA,*** *VETU D'UN HABIT NEUF, TOURNA SEPT FOIS AUTOUR DE LA MAISON, PUIS SE PRESENTA DEVANT LES GENS DE LA MECQUE ET DIT :*

- ***GENS DE LA MECQUE !*** *COMMENT POUVONS-NOUS NOUS NOURRIR ET NOUS VETIR PENDANT QUE LES* ***BANU HISHAM*** *PERISSENT ? NOUS NE POUVONS NI LEUR VENDRE NI LEUR ACHETER QUOI QUE CE SOIT.*
- ***PAR DIEU !*** *JE NE PRENDRAI PAS PLACE AVANT QUE NE SOIT DECHIREE CETTE PROCLAMATION INJUSTE DE MISE EN QUARANTAINE.*

***ABU JAHL,*** *QUI SE TROUVAIT DANS UN COTE DE LA MOSQUEE, DIT :*

- ***TU MENS ! PAR DIEU !*** *TU NE LA DECHIRERAS PAS.*
- ***PAR DIEU !*** *IL NE MENT PAS, DIT* ***ZAM'A IBN AL-ASWAD.*** *JE N'AI PAS ACCEPTE SA REDACTION QUAND ELLE A ETE REDIGEE.*
- ***ZAM'A*** *A RAISON, DIT A SON TOUR* ***ABU AL-BUKHTURI.*** *NOUS NE SOMMES PAS D'ACCORD AVEC SON CONTENU ET NOUS LE DESAVOUONS.*
- *VOUS AVEZ RAISON TOUS LES DEUX, AJOUTA* ***MAT'AM IBN 'ADDI.***
- *AURA MENTI CELUI QUI DIRA LE CONTRAIRE. SERA DISCULPE CELUI QUI S'OPPOSERA A SON CONTENU.*
- *JE ME PENCHE DE LEUR COTE, RENCHERIT* ***HASHIM IBN 'AMRU.***

*À CE MOMENT,* ***ABU JAHL*** *INTERVINT ET DIT :*

- ***CETTE POSITION A ETE ARRETEE AU COURANT DE LA NUIT.*** *C'EST UN COMPLOT QUI A ETE MONTE EN DEHORS DE CET ENDROIT.*

***ABU TALIB*** *SE TROUVAIT DANS UN DES COTES DE LA MOSQUEE QUAND* ***MAI'AM IBN 'ADDI*** *ALLA VERS LA PROCLAMATION POUR LA DECHIRER ; IL LA TROUVA RONGEE PAR LES TERMITES A L'EXCEPTION DE CETTE EXPRESSION :*

- ***"EN TON NOM SEIGNEUR !"*** *L'AUTEUR DE CETTE PROCLAMATION ETAIT* ***MANSUR IBN 'IKRAMA,*** *LE FRERE DES* ***BANU 'ABD AD-DAR.*** *ON PRETEND QUE SA MAIN FUT PAR LA SUITE PARALYSEE.*

*EN DEHORS DE* ***ZIYAD****, IL A ETE DIT QUE LORSQUE DIEU DETERIORA LA PROCLAMATION ABHORREE,* ***LE PROPHETE*** *- QUE DIEU LUI ACCORDE LA GRACE ET LA PAIX - ET SON CLAN QUITTERENT LEUR ISOLEMENT ET VECURENT AU MILIEU DES GENS.*

***REVENONS AU RECIT DE ZIYAD*** *QUI LE TIENT, SUIVANT UNE CHAINE DE GARANTS REMONTANT A* ***'ABD ALLAH IBN MAS'UD :***

*«* ***L'ENVOYE DE DIEU*** *- QUE DIEU LUI ACCORDE LA GRACE ET LA PAIX - SE TROUVAIT A LA MOSQUEE SACREE S'ACQUITTANT DE LA PRIERE. IL Y AVAIT LA ASSIS, DANS LA SALLE,* ***'OTBA IBN KHALF, AN-NADR IBN AL-HARITH, 'AQABA IBN ABI MU'AYT.***

***QUAND L'ENVOYE DE DIEU*** *- QUE DIEU LUI ACCORDE LA GRACE ET LA PAIX - SE PROSTERNA ET QUE LA PROSTERNATION SE PROLONGEA,* ***ABU JAHL*** *DIT :*

- ***QUI D'ENTRE VOUS*** *NOUS APPORTERA L'ENSEMBLE DES ABATS DEGOULINANT DE SANG ET LES JETTERA SUR MUHAMMAD ?*

***LE PLUS PERVERS D'ENTRE EUX ET LE PLUS MISERABLE, 'OQBA IBN ABI MU'AYT*** *LES APPORTA ET LES JETA ENTRE LES DEUX EPAULES DE L'ENVOYE DE DIEU - QUE DIEU LUI ACCORDE LA GRACE ET LA PAIX - ALORS QU'IL SE TROUVAIT PROSTERNE.*

***CE DERNIER NE FIT AUCUN MOUVEMENT.*** *QUANT A MOI, JE ME TROUVAIS DEBOUT, INCAPABLE DE PARLER NI DE M'OPPOSER. JE N'AI PAS DE CLAN QUI PUISSE ME PROTEGER DE CE QUE JE REDOUTAIS.*

***C'EST ALORS QUE J'AI ENTENDU FATIMA ARRIVER ET OTER LES ABATS DES EPAULES DE SON PERE****. PUIS ELLE FIT FACE AUX QURAYSH ET LES INJURIA. ILS NE LUI DIRENT RIEN.*

***L'ENVOYE DE DIEU RELEVA LA TETE DE SA PROSTERNATION****, COMME IL AVAIT L'HABITUDE DE LE FAIRE. QUAND IL EUT FINI SA PRIERE, IL DIT :*

- ***SEIGNEUR !*** *OCCUPE-TOI DE CES PERSONNES DE QURAYSH :* ***'AQABA IBN ABI MU'AYI, 'OTBA, SHAYBA, ABU JAHL, AL-WALID, UMMIYA ET AN-NADR.***

*ENSUITE IL SORTIT. SUR SON CHEMIN, IL RENCONTRA **ABU AL-BUKHTURI** QUI PORTAIT UN FOUET AUX HANCHES. QUAND IL VIT **LE PROPHETE** -QUE DIEU LUI ACCORDE LA GRACE ET LA PAIX-, IL L'IGNORA.*

*PUIS IL L'APOSTROPHA ET LUI DIT :*

- *VIENS, MAIS QU'AS-TU ?*
- *LAISSE-MOI TRANQUILLE.*
- *DIEU SAIT QUE JE NE TE LAISSERAI PAS AVANT QUE TU NE M'INFORMES DE CE QUI SE PASSE EN TOI. EST-CE QU'IL T'EST ARRIVE QUELQUE CHOSE ?*

*QUAND LE PROPHETE - QUE DIEU LUI ACCORDE LA GRACE ET LA PAIX - SUT QU'IL NE LE LAISSERAIT PAS PARTIR, IL L'INFORMA ALORS QU'**ABU JAHL** AVAIT ORDONNE DE JETER SUR LUI LE CONTENU DE L'ESTOMAC D'UN ANIMAL.*

***ABU AL-BUKHTURI** DIT ENSUITE : RENTRONS DANS LA MOSQUEE.*

*IL EMMENA LE PROPHETE – QUE DIEU LUI ACCORDE LA GRACE ET LA PAIX - A LA MOSQUEE, SE PRESENTA A **ABU JAHL** ET LUI DIT :*

- ***Ô ABU AL-HAKAM !** EST-CE TOI QUI AS ORDONNE DE JETER LES ABATS SUR MUHAMMAD ?*
- *OUI.*

***ABU AL-BUKHTURI IBN HISHAM** LEVA SON FOUET ET L'ABATTIT SUR LA TETE **D'ABU JAHL.** LES HOMMES S'EXCITERENT LES UNS LES AUTRES. **ABU JAHL** SE MIT A CRIER :*

- ***MALHEUR A VOUS ! MUHAMMAD** VEUT SUSCITER ENTRE VOUS L'ANIMOSITE ET LA HAINE ET ETRE SAUVE LUI ET SES COMPAGNONS. TOUS MOURURENT LE JOUR DE LA BATAILLE DE BADR.*

*EN CETTE OCCASION, **L'ENVOYE DE DIEU** AVAIT DIT :*

- *"CELUI QUI RENCONTRERA **ABU AL-BUKHTURI IBN HISHAM** NE DOIT PAS LE TUER."*

*ENTRE TEMPS, **KHADIJA ET ABU TALIB** MOURURENT LA MEME ANNEE. LEUR MORT EUT LIEU DIX ANS APRES LE DEBUT DE LA MISSION DE L'ENVOYE DE DIEU - QUE DIEU LUI ACCORDE LA GRACE ET LA PAIX.*

***LES MALHEURS TOMBERENT L'UN APRES L'AUTRE SUR L'ENVOYE DE DIEU** – QUE DIEU LUI ACCORDE LA GRACE ET LA PAIX.*

- ***KHADIJA ETAIT MORTE ;*** *ELLE ETAIT POUR LUI UNE CONSEILLERE VERIDIQUE DE L'ISLAM ET C'ETAIT AUPRES D'ELLE QU'IL SE REFUGIAIT.*

- ***ABU TALIB, SON ONCLE PATERNEL, ETAIT MORT ;*** *IL ETAIT POUR LUI UN SOUTIEN, UN GARDIEN, UN PROTECTEUR ET UN AUXILIAIRE AVANT SON EMIGRATION A MEDINE TROIS NEES PLUS TARD.*

- ***À LA MORT D'ABU TALIB, LES QURAYSH CAUSERENT A L'ENVOYE DE DIEU*** *- QUE DIEU LUI ACCORDE LA GRACE ET LA PAIX - DES TORTS QU'ILS N'AURAIENT JAMAIS ESPERE REALISER DE SON VIVANT AU POINT QU'UN DES PERVERS DE* ***QURAYSH*** *S'OPPOSA A LUI ET SE PERMIT D'EPARPILLER DE LA TERRE SUR SA TETE. »*

***ZIYAD IBN ISHAH*** *RAPPORTA CE RECIT QU'IL ENTENDIT DE* ***HISHAM IBN 'ARWA,*** *LEQUEL LE TENAIT DE SON PERE :*

***« LORSQUE CE PERVERS JETA DE LA TERRE SUR L'ENVOYE DE DIEU*** *- QUE DIEU LUI ACCORDE LA GRACE ET LA PAIX -, CELUI-CI ENTRA DANS SA CHAMBRE, LA TETE POUSSIEREUSE.*

*UNE DE SES FILLES SE LEVA ET SE MIT A ENLEVER LA TERRE DE SA TETE EN PLEURANT.* ***L'ENVOYE DE DIEU*** *- QUE DIEU LUI ACCORDE LA GRACE ET LA PAIX - LUI DIT :*

- ***"NE PLEURE PAS O MA FILLE !*** *DIEU PROTEGE TON PERE."*

*ENTRE TEMPS, IL AVAIT DIT :*

- *"JE N'AI RIEN OBTENU DE CHOSE PLUS DETESTABLE DE LA PART DES* ***QURAYSH*** *DEPUIS LA MORT* ***D'ABU TALIB.*** *"»*

# *LES COMPAGNONS DU* ***BIEN AIME D'ALLAH***

# *LE PREMIER KHALIF DE L'ISLAM* ***ABU BAKR AS-SIDDIQ***

## ***LE PREMIER KHALIF DE L'ISLAM***

***ABU AL-FATH MUHAMMAD IBN 'ABD AL-BAQI,*** *SUIVANT UNE CHAINE DE GARANTS REMONTANT A* ***'AÏSHA, EPOUSE DU PROPHETE*** *- QUE DIEU LUI ACCORDE LA GRACE ET LA PAIX -, A DIT :*

*«* ***ABU BAKR ALLA A LA RECHERCHE DE L'ENVOYE DE DIEU*** *- QUE DIEU LUI ACCORDE LA GRACE ET LA PAIX -, CELUI-CI ETANT SON AMI. IL LUI DIT :*

- ***Ô ABUL-QASIM !*** *TU AS DISPARU DES ASSEMBLEES DE TON PEUPLE. LES GENS T'ACCUSENT DE PROFERER DES PROPOS MALFAISANTS AU SUJET DE LEURS AÏEUX ET DE LEURS OPINIONS.*

- *JE SUIS L'ENVOYE DE DIEU. JE T'APPELLE A EMBRASSER LA RELIGION DE DIEU.* ***QUAND L'ENVOYE DE DIEU EUT FINI, ABU BAKR -QUE DIEU L'AGREE*** *- EMBRASSA L'ISLAM.* ***APRES CELA, L'ENVOYE DE DIEU*** *– QUE DIEU LUI ACCORDE LA GRACE ET LA PAIX - S'EN ALLA.* ***L'ISLAMISATION D'ABU BAKR LE REJOUIT AU PLUS HAUT POINT.***

*QUANT A* ***ABU BAKR,*** *IL SE RENDIT CHEZ* ***UTHMAN IBN 'AFFAN, LALHA IBN 'UBAYD ALLAH, AZ-ZUBAYR IBN AL-'AWWAM, SA'D IBN ABI WAQQAS.*** *IL LES CONVAINQUIT. C'EST AINSI QU'ILS SONT DEVENUS MUSULMANS. LE LENDEMAIN, IL ALLA VOIR* ***'UTHMAN IBN MAZ'UN ET ABU 'UBAYDA IBN AL-JARRAH. 'AÏSHA*** *DIT ENCORE :*

*«* ***QUAND LES COMPAGNONS DE L'ENVOYE DE DIEU*** *- QUE DIEU LUI ACCORDE LA GRACE ET LA PAIX - SE SONT REUNIS, ILS ETAIENT TRENTE-HUIT HOMMES.* ***ABU BAKR*** *INSISTA POUR QUE L'ENVOYE DE DIEU - QUE DIEU LUI ACCORDE LA GRACE ET LA PAIX - SE MANIFESTE A EUX. CELUI-CI LUI REPONDIT QUE SES COMPAGNONS ETAIENT ENCORE PEU NOMBREUX.*

*MAIS* ***ABU BAKR*** *CONTINUA D'INSISTER JUSQU'A CE QUE L'ENVOYE DE DIEU SE DECIDE A FAIRE SON APPARITION. LES MUSULMANS SE DISPERSERENT DE CHAQUE COTE DE LA MOSQUEE, CHAQUE HOMME ETANT AVEC SON CLAN. À CE MOMENT,* ***ABU BAKR*** *LEUR ADRESSA UN DISCOURS, TANDIS QUE L'ENVOYE DE DIEU RESTAIT ASSIS.*

*C'EST LE PREMIER ORATEUR QUI APPELAIT A DIEU ET A SON ENVOYE.* ***LES ASSOCIANTS*** *SE SOULEVERENT CONTRE* ***ABU BAKR*** *ET LES MUSULMANS. CEUX-CI FURENT VIOLEMMENT FRAPPES DANS L'ENCEINTE DE LA MOSQUEE.* ***ABU BAKR*** *FUT JETE A TERRE ET FRAPPE AUSSI VIOLEMMENT.*

***LE PERVERS 'UTBA IBN RABI'*** *S'APPROCHA DE LUI ET SE MIT A LE FRAPPER AVEC DES SANDALES COUSUES A L'AIDE D'UNE ALENE QU'IL DIRIGEA SUR SON VISAGE. IL S'ACCROUPIT SUR SON VENTRE DE TELLE SORTE QUE SON NEZ NE SE DISTINGUAIT PLUS DE SA FACE.*

***LES BANU TAYM*** *ACCOURURENT ET S'APPRETERENT A S'ENGAGER DANS LA BATAILLE QUAND LES ASSOCIANTS S'ELOIGNERENT* ***D'ABU BAKR.*** *DES LORS, ILS TRANSPORTERENT* ***ABU BAKR*** *JUSQU'A SA MAISON.*

***ILS N'AVAIENT PAS A SE PLAINDRE DE SA MORT.*** *ILS REVINRENT ENSUITE SUR LEURS PAS ET ENTRERENT DANS LA MOSQUEE. ILS DIRENT :*

- ***PAR DIEU ! SI ABU BAKR ETAIT MORT, NOUS AURIONS TUE "UTBA.*** *PUIS, ILS REVINRENT CHEZ* ***ABU BAKR*** *-QUE DIEU LUI ACCORDE SA GRACE. ILS L'ATTEIGNIRENT DE LEURS LANGUES EN LUI FAISANT DE VERTES REMONTRANCES.*

*PUIS, EN SE LEVANT POUR S'EN ALLER, ILS DIRENT A SA MERE* ***UMM AL-KHAYR, BINT £AKHR IBN 'ÂMIR :***

- *DONNE-LUI QUELQUE CHOSE A MANGER ET DONNE-LUI A BOIRE.*

***UNE FOIS PARTIS,*** *LA MERE L'INTERROGEA SUR CE QUI S'ETAIT PRODUIT. IL LUI DIT :*

- ***QU'EST ADVENU DE L'ENVOYE DE DIEU ?***
- ***PAR DIEU !*** *JE NE SAIS PAS CE QUI EST ARRIVE A TON AMI.*
- *RENDS-TOI CHEZ* ***UMM JAMIL BINT AL-KHATTAB*** *ET DEMANDE DE SES NOUVELLES AUPRES D'ELLE.*

*ELLE PARTIT ET ARRIVA CHEZ* ***UMM JAMIL.*** *ELLE LUI DIT :*

- *ABU BAKR TE DEMANDE DES NOUVELLES DE MUHAMMAD IBN 'ABD ALLAH.*
- *JE NE SAIS PAS OU SE TROUVENT ABU BAKR ET MUHAMMAD IBN 'ABD ALLAH. SI TU VEUX QUE JE T'ACCOMPAGNE CHEZ TON FILS, JE LE FERAI.*
- *C'EST D'ACCORD. ELLE PARTIT AVEC ELLE.*

***ARRIVEES SUR LES LIEUX, ELLES TROUVERENT ABU BAKR*** *GISANT A TERRE ET MOURANT. UMM JAMIL CRIA EN DISANT:*

- ***PAR DIEU !*** *LES GENS QUI T'ONT MIS DANS CET ETAT SONT PERVERS ET* ***MECREANTS****. J'ESPERE QUE DIEU TE VENGERA.*
- *QUE DEVIENT L'ENVOYE DE DIEU, LUI DIT ABU BAKR ?*
- *VOILA TA MERE QUI T'ECOUTE.*
- *NE T'EN FAIS PAS POUR ELLE.*
- *IL EST SAIN ET SAUF.*
- *OU SE TROUVE-T-IL ?*
- *IL EST DANS LA MAISON* ***D'ABU AL-ARQAM****.*
- ***JE JURE PAR DIEU QUE JE NE GOUTERAI*** *NI A UNE NOURRITURE NI A UNE BOISSON AVANT DE VOIR L'ENVOYE DE DIEU.*
- *ACCORDE-NOUS UN DELAI.*

***ABU BAKR*** *SE CALMA ET LES GENS QUI AVAIENT ACCOURU AUX CRIS* ***D'UMM JAMIL*** *S'APAISERENT LES DEUX FEMMES SORTIRENT,* ***ABU BAKR*** *APPUYE SUR ELLES, JUSQU'A LEUR ARRIVEE CHEZ L'ENVOYE DE DIEU - QUE DIEU LUI ACCORDE LA GRACE ET LA PAIX.*

*CELUI-CI SE PENCHA SUR* ***ABU BAKR*** *ET L'EMBRASSA.* ***TOUS LES MUSULMANS PRESENTS EN FIRENT DE MEME.*** *L'ENVOYE DE DIEU - QUE DIEU LUI ACCORDE LA GRACE ET LA PAIX - S'APITOYA SUR L'ETAT* ***D'ABU BAKR*** *QUI DECLARA :*

- ***PAR MA MERE ET MON PERE !*** *JE N'AI AUCUN MAL SI CE N'EST CE QUE LE PERVERS A FAIT SUR MON VISAGE. VOILA MA MERE QUI S'EST MONTREE OBEISSANTE A SON FILS.*

- ***TOI, TU ES BENI.*** *APPELLE-LA A DIEU ET INVOQUE DIEU POUR ELLE, PEUT-ETRE, GRACE A TOI, IL LA SAUVERA DU FEU.*

***L'ENVOYE DE DIEU*** *- QUE DIEU LUI ACCORDE LA GRACE ET LA PAIX - PRIA POUR ELLE ET L'APPELA A L'ISLAM. C'EST AINSI QUE LA MERE* ***D'ABU BAKR*** *DEVINT MUSULMANE.*

***UNE AUTRE FOIS, TRENTE-NEUF HOMMES*** *SE REUNIRENT DANS UNE MAISON, EN PRESENCE DE L'ENVOYE DE DIEU - QUE DIEU LUI ACCORDE LA GRACE ET LA PAIX. IL Y AVAIT PARMI EUX* ***HAMZA IBN 'ABD AL-MUTTALIB*** *QUI EMBRASSA L'ISLAM LE JOUR OU* ***ABU BAKR*** *FUT FRAPPE.*

- *CE JOUR-LA, L'ENVOYE DE DIEU - QUE DIEU LUI ACCORDE LA GRACE ET LA PAIX - PRIA POUR QUE* ***'UMAR IBN AL-KHATTAB ET ABU JAHL IBN HISHAM*** *REJOIGNENT LES RANGS DE L'ISLAM.*

- ***'UMAR DEVINT MUSULMAN.*** *L'INVOCATION DU PROPHETE - QUE DIEU LUI ACCORDE LA GRACE ET LA PAIX - EUT LIEU UN MERCREDI ET* ***'UMAR EMBRASSA L'ISLAM LE JEUDI.***

***C'EST ALORS QUE L'ENVOYE DE DIEU*** *- QUE DIEU LUI ACCORDE LA GRACE ET LA PAIX - ET LES GENS DE LA MAISON LANCERENT UN RETENTISSANT ALLAHU AKBAR QUI FUT ENTENDU JUSQU'AUX HAUTEURS DE LA MECQUE. PAR LA SUITE, UMAR DIT :*

- ***Ô ENVOYE DE DIEU !*** *POURQUOI DISSIMULONS-NOUS* ***NOTRE RELIGION ALORS QUE NOUS SOMMES DANS LE VRAI,*** *AU MOMENT OU EUX (LES IDOLATRES) MANIFESTENT OUVERTEMENT* ***LEUR RELIGION ALORS QU'ILS SONT DANS LE FAUX ?***

- ***NOUS SOMMES PEU NOMBREUX, REPONDIT LE PROPHETE*** *– QUE DIEU LUI ACCORDE LA GRACE ET LA PAIX. TU AS VU CE QUE NOUS AVONS RENCONTRE A CAUSE DE LA FOI.*

***'UMAR SORTIT*** *ET ALLA FAIRE LE CIRCUIT RITUEL AUTOUR DE LA MAISON. IL PASSA DEVANT LES QURAYSH QUI L'ATTENDAIENT.* ***ABU JAHL IBN HISHAM*** *LUI DIT :*

- *TELLE PERSONNE A PRETENDU QUE* ***TU ES UN RENEGAT !***
- ***JE TEMOIGNE QU'IL N'Y A DE DIVINITE QUE DIEU ET QUE MUHAMMAD EST SON SERVITEUR ET SON ENVOYE !*** *LES ASSOCIANTS SE JETERENT SUR LUI.*

*DE SON COTE,* ***'UMAR BONDIT SUR 'UTBA IBN RABI',*** *LE JETA A TERRE ET SE MIT A LE ROUER DE COUPS. IL FIT ENTRER SES DOIGTS DANS SES YEUX.* ***'UTBA*** *SE MIT A HURLER. LES GENS LE DELIVRERENT. DEPUIS,* ***PERSONNE N'OSAIT S'APPROCHER DE 'UMAR,*** *QUI FUT AINSI EPARGNE PAR LES GENS.*

***QUANT A LUI, IL SE HASARDAIT DANS LES ASSEMBLEES OU LES MECREANTS*** *SE REUNISSAIENT ET PROCLAMAIT OUVERTEMENT SA FOI. IL SE RENDIT CHEZ L'ENVOYE DE DIEU - QUE DIEU LUI ACCORDE LA GRACE ET LA PAIX ET LUI FIT PART DE SON COMPORTEMENT :*

- ***PAR MA MERE ET MON PERE !*** *IL N'Y A PAS UNE ASSEMBLEE DE MECREANCE OU JE NE M'ASSOIS PAS SANS Y MANIFESTER MA FOI, SANS APPREHENSION NI PEUR.*

***C'EST ALORS QUE L'ENVOYE DE DIEU - QUE DIEU LUI ACCORDE LA GRACE ET LA PAIX*** *- SORTIT, AVEC* ***'UMAR*** *ET* ***HAMZA IBN 'ABD AL-MUGALIB*** *DEVANT LUI. IL FIT LE CIRCUIT RITUEL AUTOUR DE LA MAISON, FIT LA PRIERE DE* ***MIDI (ZUHR)*** *AU VU ET AU SU DE TOUT LE MONDE, PUIS RETOURNA SUR SES PAS. »*

***FATIMA BINT 'ALI IBN 'ABD ALLAH AL-WAQAYAÏ,*** *SUIVANT UNE CHAINE DE GARANTS REMONTANT A* ***ASMA BINT ABI BAKR,*** *RAPPORTE CE QUI SUIT : IL A ETE DEMANDE A CETTE DERNIERE :*

- ***QU'AS-TU APPRIS DE CE QUE LES ASSOCIANTS*** *ONT FAIT DE PLUS PENIBLE A L'ENVOYE DE DIEU ?*

***CE QUE JE SAIS DE CE QUE LES ASSOCIANTS ONT FAIT DE PLUS PENIBLE*** *A L'ENVOYE DE DIEU, C'EST LE JOUR OU IL ETAIT ASSIS DANS UN ENDROIT DE LA MOSQUEE.* ***LES ASSOCIANTS SE TROUVAIENT DANS UN AUTRE COTE.*** *ILS SE CONCERTERENT ET DECIDERENT D'ALLER VERS LUI. ILS LUI DIRENT :*

- ***EST-CE TOI QUI DIT CECI ET CELA ? C'EST BIEN MOI !***
- ***ILS REPETERENT TROIS FOIS LEUR QUESTION ET LE PROPHETE*** *– QUE DIEU LUI ACCORDE LA GRACE ET LA PAIX - LEUR DONNA TROIS FOIS LA MEME REPONSE. ILS SE MIRENT ALORS TOUS ENSEMBLE A LE ROUER DE COUPS.*

***LES CRIS DU PROPHETE - QUE DIEU LUI ACCORDE LA GRACE ET LA PAIX -*** *PARVINRENT JUSQU'A ABU BAKR ALORS QU'IL SE TROUVAIT PARMI LES SIENS.*

- ***REJOINS TON AMI, LUI DIRENT-ILS.***

***ABU BAKR SORTIT DE CHEZ NOUS, DIT ASMA.*** *IL PORTAIT QUATRE TRESSES DE CHEVEUX. LORSQU'IL VIT LE PROPHETE - QUE DIEU LUI ACCORDE LA GRACE ET LA PAIX - AU MILIEU D'EUX, IL LEUR DIT :*

- *VOULEZ-VOUS TUER UN HOMME QUI DECLARE* ***"MON SEIGNEUR, C'EST DIEU !"*** *ALORS QU'IL EST VENU A VOUS AVEC DES PREUVES DE VOTRE SEIGNEUR ?*

*PUIS, IL INTERVINT ET LE DELIVRA D'EUX.* ***LES ASSOCIANTS SE RETOURNERENT CONTRE ABU BAKR*** *ET SE MIRENT TOUS ENSEMBLE A LE FRAPPER A SON TOUR. ASMA DIT :*

*«* ***ABU BAKR REVINT VERS NOUS, LES CHEVEUX COMPLETEMENT DEFAITS.*** *NOUS AVONS COMMENCE DE METTRE DE L'ORDRE DANS SES TRESSES DE CHEVEUX, AFIN DE LES REPLACER TELLES QU'ELLES ETAIENT. QUANT A LUI, IL DISAIT :* ***"BENIS SOIS-TU, O DETENTEUR DE LA MAJESTE ET DE LA GRACE !"*** *»*

***LE CHEIKH L'IMAM ABU AL-HASAN,*** *SUIVANT UNE CHAINE DE GARANTS REMONTANT A* ***QAYS****, A DIT :*

*«* ***ABU BAKR ACHETA LA LIBERTE DE BILAL AVEC CINQ ONCES D'OR,*** *ALORS QUE CE DERNIER SE TROUVAIT ENTERRE SOUS UNE GROSSE PIERRE. LES ASSOCIANTS LUI DIRENT :*

- ***SI TU L'AVAIS VOULU,*** *NOUS TE L'AURIONS VENDU POUR UNE ONCE SEULEMENT*
- ***SI VOUS L'AVIEZ VOULU,*** *LEUR REPONDIT-IL, JE L'AURAIS PRIS POUR CENT ONCES. »*

***ABU 'ABD ALLAH,*** *SUIVANT UNE CHAINE DE GARANTS REMONTANT A* ***NA'IM IBN ABI HIND,*** *A DIT:*

*«* ***BILAL N'ETAIT PAS L'ESCLAVE D'ABU JAHL.*** *CELUI-CI - QUE DIEU LE MAUDISSE- NE FIT QUE S'EN ACCAPARER. IL LUI DIT : TOI AUSSI TU ES DE CEUX DONT ON DIT CECI ET CELA ! IL L'ETENDIT PAR TERRE SUR SON DOS ET MIT UNE MEULE SUR LUI.*

***ABU BAKR ENVOYA UN HOMME DE QURAYSH ET LUI DIT :*** *VA L'ACHETER !*

- *AVEC TON BIEN ?*
- *OUI, AVEC MON ARGENT.*

***L'HOMME PARTIT ET TROUVA BILAL DANS L'ETAT DECRIT.*** *IL DIT A* ***ABU JAHL****:*

- ***EST-CE CELUI-LA,*** *L'HOMME DONT J'AI ENTENDU LES QURAYSH DIRE CECI ET CELA A SON SUJET ?*
- ***QUE DISENT LES QURAYSH ?*** *ILS DISENT QUE SI C'ETAIT SON ESCLAVE, IL NE LE TUERAIT PAS.*

***MAIS IL LE TUERA, PARCE QU'IL REVIENT AUX ORPHELINS*** *QUI SONT SOUS SA TUTELLE.*

- *QU'EN PENSES-TU TOI-MEME ?*
- *JE NE SUIS QU'UN HOMME PARMI D'AUTRES.*
- *JE M'APERÇOIS QUE TU TE REJOUIS DE CE QUE JE LUI FAIS.*
- *CERTES ! S'IL T'APPARTENAIT, JE NE PENSE PAS QUE TU AGIRAIS AVEC LUI DE LA SORTE.*
- *S'IL ETAIT A TOI, JE CROIS BIEN QUE TU L'AFFRANCHIRAIS.*
- *JE NE SONGERAIS PAS A LE LIBERER, S'IL ETAIT A MOI.*
- *VEUX-TU QUE JE L'ACHETE ET QUE TU LUI RENDES SA LIBERTE ?*
- *COMME S'IL ETAIT TENU DE PAYER UNE DETTE.*
- *OUI.*
- *IL ACHETA* ***BILAL****. IL DENOUA SES LIENS. SA PEAU ETAIT VERTE.*

*PENDANT CE TEMPS,* ***ABU BAKR*** *ETAIT DEBOUT ENTRE L'OMBRE ET LE SOLEIL ET REGARDAIT CE QUE SON COMPAGNON FAISAIT. CELUI-CI REVINT ET LUI ANNONÇA QU'IL L'AVAIT ACHETE. À LA SUITE DE QUOI, IL L'AFFRANCHIT L'HOMME PRECISA* ***QU'ABU BAKR*** *AVAIT PAYE LE PRIX QU'IL FALLAIT. »*

***MUHAMMAD ABUL QASIMI,*** *SUIVANT UNE CHAINE DE GARANT REMONTANT A* ***HISHAM IBN 'AWA IBN AZ-ZUBAYR*** *QUI LE TIENT DE SON PERE, A DIT :*

***« WARAQA IBN NAWFAL PASSA DEVANT BILAL*** *ALORS QU'IL ETAIT SOUS LA TORTURE ET DISAIT :* ***AHAD ! AHAD ! Ô BILAL !***

*PUIS* ***WARAQA IBN NAWFAL*** *SE PRESENTA A* ***UMMIYA IBN KHALF*** *AU MOMENT OU IL TORTURAIT BILAL. IL LUI DIT :* ***JE JURE PAR DIEU ! SI VOUS LE TUEZ DE CETTE MANIERE, NOUS LE PRENDRONS EN PITIE !***

***C'EST AINSI QU'ABU BAKR AS-SIDDIQ*** *PASSA, UN JOUR, DEVANT BILAL, ALORS QUE CELUI-CI ETAIT SOUS LA TORTURE. IL DIT A* ***UMMIYA*** *:*

- ***NE CRAINS-TU PAS DIEU*** *EN AGISSANT AVEC CE PAUVRE ETRE AU POINT DE LE FAIRE MOURIR ?*
- ***C'EST TOI QUI L'AS DEPRAVE.*** *DELIVRE-LE SI TU PEUX.*
- ***JE POSSEDE UN JEUNE HOMME NOIR PLUS RESISTANT ET PLUS FORT QUE BILAL ;*** *IL PARTAGE TA RELIGION. JE TE LE DONNE EN ECHANGE DE BILAL.*

- ***J'ACCEPTE.***
- *IL EST A TOI, CONCLUT* ***ABU BAKR.***

***ABU BAKR*** *LUI REMIT SON JEUNE HOMME ET PRIT BILAL, PUIS L'AFFRANCHIT DANS L'ESPRIT DE L'ISLAM. AVANT D'EMIGRER A MEDINE, IL LIBERA SIX ESCLAVES. SEPT, AVEC BILAL.*

***MUHAMMAD IBN ISHAQ*** *A DIT :*

*«* ***BILAL ETAIT LE CLIENT D'ABU BAKR,*** *ET LE CLIENT DE CERTAINS MEMBRES DES* ***BANI JAM'.*** *IL ETAIT NE SOUS LE NOM DE* ***BILAL IBN RABBAH.*** *SA MERE S'APPELAIT* ***HAMAMA****. IL EMBRASSA L'ISLAM SINCEREMENT ET LE COEUR PUR.*

***UMMIYA*** *LE FAISAIT SORTIR A MIDI, AU MOMENT OU LE SOLEIL FRAPPAIT FORT. IL L'ALLONGEAIT DANS UN ENDROIT RETIRE DE LA MECQUE, PUIS IL ORDONNAIT DE PLACER SUR SON DOS UN ENORME ROCHER. IL LUI DISAIT:*

- *TU RESTERAS AINSI JUSQU'A CE QUE TU MEURES OU QUE TU ABJURES MUHAMMAD ET ADORES* ***AL-LAT ET AL-'UZZA.***
- ***AHAD! AHAD!*** *REPONDAIT BILAL ALORS QU'IL SUBISSAIT CETTE TERRIBLE EPREUVE. »*

***ABU 'ABD ALLAH,*** *SUIVANT UNE CHAINE DE GARANTS REMONTANT A* ***ABU AL-JAHHAF,*** *A DIT :*

*« UNE FOIS QUE LE SERMENT D'ALLEGEANCE A ETE PRETE A* ***ABU BAKR*** *ET QUE* ***'ALI*** *ET TROIS DE SES COMPAGNONS FIRENT DE MEME,* ***ABU BAKR*** *DECLARA :*

- ***VOUS LES GENS !*** *Y A-T-IL PARMI VOUS QUELQU'UN QUI M'A PRETE LE SERMENT D'ALLEGEANCE A CONTRECŒUR ?*

***'ALI,*** *QUI SE TROUVAIT AU PREMIER RANG, DIT :*

- ***NOUS NE RENIERONS PAS NOTRE SERMENT ET NOUS NE TE DEMETTRONS PAS.*** *L'ENVOYE DE DIEU - QUE DIEU LUI ACCORDE LA GRACE ET LA PAIX - T'A PLACE AU-DEVANT. QUI DONC POURRA TE FAIRE RECULER EN ARRIERE ? »*

# *L'EMIR DES CROYANTS*
# ***'UMAR IBN AL-KHATTAB AL FARUQ***

## *L'EMIR DES CROYANTS*

***AL-HASAN IBN MAKKI,*** *SUIVANT UNE CHAINE DE GARANTS REMONTANT A* ***ZAYD IBN ASLAM*** *QUI LE TIENT DE SON PERE ET DE SON GRAND-PERE, A DIT :*

*«* ***'UMAR IBN AL-KHATTAB A DIT :*** *VOULEZ-VOUS QUE JE VOUS INFORME DU DEBUT DE MON ADHESION A L'ISLAM ? OUI.*

- ***JE COMPTAIS AU NOMBRE DES GENS LES PLUS REFRACTAIRES*** *A L'ENVOYE DE DIEU - QUE DIEU LUI ACCORDE LA GRACE ET LA PAIX.*

***UN JOUR DE CHALEUR INTENSE, JE ME TROUVAIS EN PLEINE CANICULE*** *DANS UN DES SENTIERS DE LA MECQUE. J'AI RENCONTRE UN HOMME DE* ***QURAYSH*** *QUI ME DIT : OU VAS-TU AINSI,* ***O IBN AL-KHATTAB ?***

- *JE CHERCHE CET HOMME QUI A TRANSFORME LA RELIGION.*
- *C'EST ETRANGE,* ***O IBN AL-KHATTAB,*** *QUE TU TE PROPOSES CE BUT, ALORS QUE CETTE AFFAIRE A DEJA PENETRE TA MAISON.*
- *QUE VEUX-TU DIRE ? TA SŒUR A EMBRASSE L'ISLAM.*
- ***COURROUCE****, J'AI FAIT ALORS DEMI-TOUR. EN ARRIVANT, J'AI FRAPPE A LA PORTE.*

***L'ENVOYE DE DIEU AVAIT POUR HABITUDE,*** *QUAND UN HOMME OU DEUX EMBRASSAIENT L'ISLAM ET NE POSSEDAIENT RIEN, DE LEUR JOINDRE UN HOMME PLUS OU MOINS AISE AVEC LEQUEL ILS RESTAIENT, ET QUI LEUR DONNAIT LES FAVEURS DE SA NOURRITURE. C'EST AINSI QU'IL RALLIA LE MARI DE MA SŒUR.*

***MA SŒUR ET SON MARI, EN ME VOYANT ARRIVER, SE CACHERENT.*** *ILS AVAIENT ENTRE LES MAINS UNE FEUILLE DU CORAN QU'ILS LISAIENT. DANS LEUR PRECIPITATION, ILS L'OUBLIERENT ET L'ABANDONNERENT AU MILIEU DE LA CHAMBRE. MA SŒUR VINT OUVRIR LA PORTE. JE LUI AI DIT :*

- ***L'ENNEMIE D'ELLE-MEME ! TU AS CHANGE UNE RELIGION POUR UNE AUTRE ! JE L'AI FRAPPEE A LA TETE*** *AVEC QUELQUE CHOSE QUE JE TENAIS DANS LA MAIN.*

***DU SANG COULA.*** *QUAND ELLE VIT LE SANG, ELLE PLEURA ET ME DIT :*

- ***Ô IBN AL-KHATTAB !*** *FAIS CE QUE TU AS L'INTENTION DE FAIRE.*
- ***QUANT A MOI,*** *J'AI EMBRASSE L'ISLAM.*

***J'ETAIS COURROUCE.*** *JE ME SUIS ASSIS SUR LE LIT ET J'AI JETE UN REGARD SUR LA FEUILLE AU MILIEU DE LA CHAMBRE. JE DIS :* ***QU'EST-CE QUE CETTE FEUILLE ?*** *DONNE-LA-MOI.* ***TU N'ES PAS DE CEUX QUI LA LISENT.*** *TU NE T'ES PAS LAVE DES GRANDES SOUILLURES ET TU N'AS PAS FAIT TES PETITES ABLUTIONS.*

***CETTE FEUILLE NE PEUT ETRE TENUE QUE PAR CEUX QUI SE SONT PURIFIES.*** *JE NE PEUX DONC PAS TE LA REMETTRE. J'AI REGARDE CETTE FEUILLE. IL Y AVAIT ECRIT :* ***"AU NOM DE DIEU, LE TRES MISERICORDIEUX, LE TOUT MISERICORDIEUX."***

*QUAND J'AI LU* ***"AR-RAHMAN AR-RAHIM",*** *JE ME SUIS EMPORTE ET J'AI JETE LA FEUILLE. PUIS, JE ME SUIS RESSAISI ET JE L'AI REPRISE. IL Y AVAIT :*

- ***"CE QU'IL Y A DANS LES DEUX ET LA TERRE LE GLORIFIENT. IL EST TOUT-PUISSANT ET SAGE."***

***CHAQUE FOIS QUE JE RENCONTRAIS UN DES NOMS DE DIEU****, J'ETAIS REMPLI DE FRAYEUR, PUIS, JE ME RESSAISISSAIS. IL EN FUT AINSI JUSQU'A L'INSTANT OU J'AI ATTEINT CE VERSET :*

- ***"CROYEZ EN ALLAH ET EN SON MESSAGER, ET DEPENSEZ DE CE DONT Il VOUS A DONNE LA LIEUTENANCE. "***

*À CE MOMENT, J'AI DIT :*

- ***JE TEMOIGNE QU'IL N'Y A DE DIVINITE QUE DIEU ET JE TEMOIGNE QUE MUHAMMAD EST L'ENVOYE DE DIEU. LORSQUE LES GENS APPRIRENT CELA,*** *ILS ACCOURURENT VERS MOI EN LANÇANT DES* ***ALLAHU AKBAR****.*

*PUIS, ILS DIRENT : ANNONCE LA BONNE NOUVELLE,* ***O IBN AL-KHATTAB ! L'ENVOYE DE DIEU*** *- QUE DIEU LUI ACCORDE LA GRACE ET LA PAIX -* ***A PRIE DIEU CE LUNDI EN DISANT :***

- ***"SEIGNEUR !*** *AFFERMIS NOTRE RELIGION PAR L'UN DES DEUX HOMMES QUE TU AIMES : SOIT* ***ABU JAHL IBN HISHAM,*** *SOIT* ***'UMAR IBN AL-KHATTAB. NOUS ESPERIONS QUE L'INVOCATION DE L'ENVOYE DE DIEU*** *- QUE DIEU LUI ACCORDE LA GRACE ET LA PAIX - SOIT EN TA FAVEUR."*

***INFORMEZ-MOI*** *OU SE TROUVE L'ENVOYE DE DIEU.* ***S'ETANT ASSURES DE MA SINCERITE,*** *ILS ME DESIGNERENT L'ENDROIT OU SE TROUVAIT L'ENVOYE DE DIEU-QUE DIEU LUI ACCORDE LA GRACE ET LA PAIX. IL ETAIT DANS UNE MAISON SITUEE AU BAS DE* ***SAFA.*** *J'Y SUIS ALLE ET, ARRIVE LA, J'AI FRAPPE A LA PORTE.*

- *QUI EST LA ? ME DIT-ON.* ***IBN AL-KHATTAB.***

***ILS CONNAISSAIENT MA DURETE A L'EGARD DE L'ENVOYE DE DIEU*** *- QUE DIEU LUI ACCORDE LA GRACE ET LA PAIX - MAIS ILS IGNORAIENT QUE J'AVAIS EMBRASSE L'ISLAM. AUCUN D'ENTRE EUX N'OSA OUVRIR LA PORTE.* ***L'ENVOYE DE DIEU*** *- QUE DIEU LUI ACCORDE LA GRACE ET LA PAIX - LEUR DIT :*

- ***OUVREZ LA PORTE.*** *SI DIEU LUI VEUT DU BIEN, IL LE DIRIGERA DANS LE DROIT CHEMIN. ILS M'OUVRIRENT LA PORTE.*

***DEUX HOMMES ME TINRENT PAR LE HAUT DES BRAS JUSQU'A L'ARRIVEE DE L'ENVOYE DE DIEU*** *- QUE DIEU LUI ACCORDE LA GRACE ET LA PAIX. CELUI-CI TINT L'ENSEMBLE DE MA CHEMISE ET M'ATTIRA A LUI. IL DIT :*

- *EMBRASSE L'ISLAM,* ***O IBN AL-KHATTAB !*** *JE TEMOIGNE QU'IL N'Y A DE DIVINITE QUE DIEU ET QUE TU ES, TOI, L'ENVOYE DE DIEU.*

- ***LES MUSULMANS LANCERENT DES ALLAHU AKBAR SI FORTS QU'ILS FURENT ENTENDUS DANS TOUTES LES RUES DE LA MECQUE.*** *EUX SE CACHAIENT.*

***QUANT A MOI, JE SORTIS.*** *JE NE VOULAIS PAS VOIR QUE DES GENS S'ACCORDENT POUR FRAPPER UN MUSULMAN PARCE QU'IL AVAIT EMBRASSE L'ISLAM ALORS QU'A MOI RIEN NE POUVAIT ARRIVER.*

***JE ME SUIS DIT QUE CELA NE DEVRAIT PAS ARRIVER.*** *AUSSI, SUIS-JE ALLE CHEZ MON ONCLE MATERNEL, QUI ETAIT UN DES NOTABLES DE LA CITE. J'AI FRAPPE A SA PORTE ET JE LUI AI DIT :*

- *SAIS-TU QUE J'AI EMBRASSE L'ISLAM ?*
- *L'AS-TU FAIT VRAIMENT ? OUI.*
- *NE LE FAIS PAS ! JE L'AI DEJA FAIT*

***IL RENTRA CHEZ LUI ET FERMA LA PORTE DERRIERE MOI.*** *ENSUITE, JE SUIS ALLE AUSSI CHEZ UNE HAUTE PERSONNALITE DES* ***QURAYSH****. J'AI FRAPPE A SA PORTE. QUI EST LA, DIT-IL.* ***C'EST IBN AL-KHAFLAB. IL SORTIT ET JE LUI AI TENU LE MEME DISCOURS*** *QU'A MON ONCLE MATERNEL :*

- *NE SAIS-TU PAS QUE J'AI EMBRASSE L'ISLAM ?*
- *L'AS-TU FAIT, OUI.*
- *NE LE FAIS PAS ! JE L'AI DEJA FAIT.*

***IL RENTRA CHEZ LUI*** *EN CLAQUANT LA PORTE DERRIERE MOI. JE ME SUIS DIT :* ***"CELA NE FAIT RIEN."*** *UN HOMME ME DIT ALORS :*

- ***VEUX-TU QUE TON ISLAM SOIT CONNU ?*** *OUI.*
- ***QUAND LES GENS SERONT REUNIS EN TEL LIEU, VA VOIR UNTEL*** *; C'EST UN HOMME QUI NE SAIT PAS TENIR UN SECRET. IL DIVULGUERA AUSSITOT CE QU'IL Y AURA ENTRE TOI ET LUI.*
- ***QUAND LES GENS SE REUNIRENT EN CE LIEU,*** *J'ALLAI VOIR CET HOMME. JE LUI AI DIT EN TETE-A-TETE.*
- ***SAIS-TU QUE J'AI EMBRASSE L'ISLAM ?***
- *TU AS BIEN DIT QUE TU AS EMBRASSE L'ISLAM ! OUI.*

***AUSSITOT, IL ELEVA AU PLUS HAUT SA VOIX : IBN AL-KHATTAB*** *A CHANGE UNE RELIGION POUR UNE AUTRE.* ***LES GENS SE SOULEVERENT CONTRE MOI ET ME FRAPPERENT,*** *MAIS JE LEUR RENDIS COUP SUR COUP. ENTRE TEMPS, MON ONCLE MATERNEL ARRIVA ET DEMANDA :*

- ***QU'EST-CE QUE CE RASSEMBLEMENT ?***
- ***IBN AL-KHATTAB*** *A CHANGE UNE RELIGION POUR UNE AUTRE.*

*IL MONTA SUR LE MONTICULE ET, FAISANT SIGNE DE SA MANCHE, IL DIT :* ***JE PLACE LE FILS DE MA SŒUR SOUS MA PROTECTION.*** *LES GENS SE DETACHERENT DE MOI.*

***JE CONTINUAIS A VOIR UN HOMME FRAPPE SANS QUE JE SOIS MOI-MEME ATTEINT.*** *JE ME SUIS DIT QUE CELA NE SE PASSERAIT PAS AINSI JUSQU'A CE QUE JE SOIS ATTEINT COMME SONT ATTEINTS LES AUTRES.*

***ET ALORS JE SERAI FRAPPE COMME ILS SONT EUX-MEMES BATTUS.*** *AUSSI, SUIS-JE ALLE VOIR MON ONCLE MATERNEL AU MOMENT OU LES GENS ETAIENT REUNIS. JE LUI AI DIT :*

- ***Ô ONCLE !*** *QU'AS-TU OU QUE VEUX-TU, O FILS DE MA SŒUR ?*
- ***JE VEUX QUE TU OTES*** *TA PROTECTION DE MOI.* ***NE LE FAIS PAS O FILS DE MA SŒUR !***
- ***OTE TA PROTECTION DE MOI****, INSISTAIS-JE.* ***JE NE LE FERAI PAS.***
- ***SI, TU LE FERAS ! COMME TU VOUDRAS !***

***C'EST ALORS QUE JE CONTINUAI A BATTRE LES GENS ET EUX A ME FRAPPER,*** *JUSQU'AU JOUR OU DIEU RENDIT PUISSANT L'ISLAM ET SON PROPHETE - QUE DIEU LUI ACCORDE LA GRACE ET LA PAIX. »*

***QUAND ON CITE LES HOMMES PIEUX, ON SE HATE DE PARLER DE 'UMAR.*** *IL SE SITUAIT A L'INTERSECTION DES EXTREMISTES ET DES LAXISTES. C'ETAIT UN MUR SOLIDE DE LA MAISON DE L'ISLAM :* ***LES GENS Y ENTRAIENT POUR NE PLUS EN SORTIR.*** *QUAND IL FUT TUE, LE MUR S'EST EBRECHE. AUJOURD'HUI, LES GENS QUITTENT L'ISLAM.*

***QUAND 'UMAR ORDONNAIT L'IMMOLATION DE BETES, UNE FOIS EGORGEES,*** *LES BONS MORCEAUX, LES BOSSES DE CHAMEAUX ET LES CŒURS ETAIENT RESERVES AUX VOYAGEURS DE PASSAGE. QUANT AUX COUS, ILS ETAIENT REMIS A SA FAMILLE.*

- ***PAR CELUI DONT L'AME DE 'ABD ALLAH*** *EST ENTRE LES MAINS, SI, AUJOURD'HUI, ON METTAIT QUI QUE CE SOIT SUR LA TERRE DANS LE PLATEAU D'UNE BALANCE ET QUE L'ON METTE 'UMAR DANS L'AUTRE, CELUI-CI BASCULERAIT DE SON COTE.*

- ***PAR CELUI DONT L'AME DE 'ABD ALLAH*** *EST ENTRE LES MAINS, JE SOUHAITERAIS ETRE AU SERVICE DE QUELQU'UN COMME 'UMAR JUSQU'A MA MORT. EN EFFET, QUAND LES GENS VERTUEUX SONT CITES, ON SE HATE DE RAPPELER 'UMAR.*

***LE CHEIKH ABU ZAR'A TAHIR IBN MUHAMMAD IBN AL-FADL*** *- QUE DIEU AIT SON AME - SELON LA LECTURE FAITE PAR L'IMAM* ***ABU MUHAMMAD IBN AL-KHASHSHAB*** *ALORS QUE NOUS L'ECOUTIONS EN* ***561****, LUI A DIT QUE* ***ABU MANSUR****, SUIVANT UNE CHAINE DE GARANTS REMONTANT A* ***UBAYD IBN "UMAYR,*** *A DIT :*

- ***« 'UMAR GUIDA NOTRE PRIERE DU FAJR. IL COMMENÇA PAR LA SOURATE YUSUF.*** *Il L'A LUE JUSQU'A CE PASSAGE : "SES JEUX BLANCHIRENT D'AFFLICTION. ET IL ETAIT ACCABLE." IL PLEURA JUSQU'A LA FIN. »*

***ABU UBAYDA A DIT DANS UNE NARRATION*** *AUTRE QUE CELLE-CI :*

- ***« QUAND IL ARRIVA A CE PASSAGE : "JE NE ME PLAINS QU'A ALLAH DE MON DECHIREMENT ET DE MON CHAGRIN.",*** *IL PLEURA SI FORT QUE SES SANGLOTS FURENT ENTENDUS AU-DELA DES ALIGNEMENTS D'ORANTS. »*

***AL-MUBARAK IBN 'ALI,*** *SUIVANT UNE CHAINE DE GARANTS REMONTANT A* ***JA'FAR IBN ZAYD AL-'ABDI,*** *A DIT :*

***« UNE NUIT, 'UMAR – QUE TA PAIX SOIT SUR LUI - SORTIT FAIRE SA RONDE.*** *IL PASSA DEVANT LA MAISON D'UN MUSULMAN. IL LE TROUVA ACCOMPLISSANT LA PRIERE. IL S'ARRETA ET ECOUTA SA LECTURE DU CORAN.*

***IL RECITAIT AT-TUR*** *ET ARRIVA A CE PASSAGE :* ***"CERTES LE CHATIMENT DE TON SEIGNEUR AURA LIEU." 'UMAR*** *DIT ALORS :* ***"JE JURE PAR LE SEIGNEUR DE LA KA'BA QUE CELA EST VRAI."***

***IL DESCENDIT DE SON ANE. IL S'APPUYA CONTRE UN MUR ET DEMEURA AINSI LONGTEMPS.*** *PUIS, IL RETOURNA CHEZ LUI. IL RESTA MALADE PENDANT UN MOIS. LES GENS VENAIENT LE VOIR SANS CONNAITRE L'ORIGINE DE SA MALADIE. »*

***'ABD ALLAH IBN MUHAMMAD,*** *SUIVANT UNE CHAINE DE GARANTS REMONTANT A* ***HASAN****, A DIT :*

- ***« 'UMAR RECITAIT LE VERSET LA NUIT.*** *IL PLEURAIT JUSQU'A EPUISEMENT ET TOMBAIT A TERRE. IL RESTAIT AINSI DANS SA CHAMBRE JUSQU'A REPRENDRE CONSCIENCE. »*

***ABU AL-MA'ALI 'ABD ALLAH,*** *SUIVANT UNE CHAINE DE GARANTS REMONTANT A* ***'ABD AR-RAHMAN IBN ZAYD IBN ASLAM****, QUI LE TIENT DE SON PERE, A DIT :*

*« **'UMAR IBN AL-KHATTAB PATROUILLAIT LA NUIT QUAND IL VIT UNE FEMME,** A L'INTERIEUR DE SA MAISON. ELLE ETAIT ENTOUREE DE SES ENFANTS QUI PLEURAIENT. IL Y AVAIT, SUR LE FEU, UNE MARMITE REMPLIE D'EAU.*

***UMAR IBN AL-KHATTAB - QUE DIEU L'AGREE** - S'APPROCHA DE LA PORTE. IL DIT A LA FEMME :*

- ***SERVANTE DE DIEU !** POURQUOI CES ENFANTS PLEURENT-ILS ? **LA FAIM LES FAIT PLEURER.***
- ***QU'EST-CE QUE CETTE MARMITE SUR LE FEU ?** J'Y AI MIS DE L'EAU POUR LES TROMPER JUSQU'A CE QU'ILS DORMENT*

***'UMAR REMPLIT UN GRAND SAC DE SEMOULE, DE BEURRE, DE GRAISSE, DE DATTES,** DE VETEMENTS ET D'ARGENT. PUIS, IL DIT : **ASLAM ! CHARGE CELA SUR MOI. Ô EMIR DES CROYANTS !** C'EST MOI QUI LE PORTERAIS.*

- ***NON ! TU N'AS PAS DE MERE (EXPRESSION QUI EXPRIME UN ELOGE) O ASLAM.** C'EST A MOI DE LE PORTER CAR JE SERAI RESPONSABLE D'EUX DANS LA VIE DERNIERE.*

***UMAR PORTA LE SAC SUR SES EPAULES ET L'AMENA JUSQU'A LA MAISON DE LA FEMME.** IL PRIT LA MARMITE. IL Y MIT LA SEMOULE AVEC UN PEU DE GRAISSE ET DE DATTES. IL SE MIT A REMUER LE TOUT DE SA MAIN ET A SOUFFLER SOUS LA MARMITE. ASLAM DIT :*

- ***LA BARBE D'UMAR ETAIT GRANDE.** J'AI VU LA FUMEE SORTIR A TRAVERS SA BARBE. IL SE MAINTINT DANS CETTE POSITION JUSQU'A LA FIN DE LA CUISSON.*

***ENSUITE, IL SE MIT A PUISER DANS LA MARMITE AVEC SA MAIN** ET A FAIRE MANGER LES ENFANTS JUSQU'A SATIETE. PUIS, IL S'ALLONGEA EN FACE D'EUX. IL DONNAIT L'APPARENCE D'UN LION.*

***J'AVAIS PEUR DE LUI ADRESSER LA PAROLE.** IL GARDA CETTE ATTITUDE JUSQU'AU MOMENT OU LES ENFANTS SE MIRENT A JOUER ET A RIRE. C'EST ALORS QU'IL SE LEVA ET ME DIT :*

- ***Ô ASLAM !** SAIS-TU POURQUOI JE ME SUIS ALLONGE EN FACE D'EUX ?*
- ***NON, O EMIR DES CROYANTS !***
- ***JE LES AI VUS PLEURER.** JE N'AI VOULU LES QUITTER QU'APRES LES AVOIR VUS RIRE. ET QUAND JE LES AI VUS RIRE, MON CŒUR S'EST ALORS APAISE. »*

***AL-HASAN IBN 'ARAFA,** SUIVANT UNE CHAINE DE GARANTS REMONTANT A **HISHAM IBN 'ARWA** QUI LE DENT DE SON PERE, A DIT :*

*« **AZ-ZUBAYR, VERS LA FIN DE LA NUIT, SE MIT EN ROUTE VERS SA TERRE.** SUR SON CHEMIN, IL RENCONTRA 'UMAR PORTANT SUR SON EPAULE UNE OUTRE D'EAU. IL REGARDA ET LE RECONNUT. IL LUI DIT :*

- ***PAR DIEU !** JE NE SAVAIS PAS QUE CELA RELEVAIT DE TON ACTIVITE. QUE DIEU T'ELOIGNE DE CELA ET T'ENRICHISSE AVEC CE QU'IL T'A DONNE EN SERVITEURS !* ***QUI TE POUSSE A TE CHARGER DE CELA ?*** *CELUI QUI VOUS LE COMMANDE, ME L'ORDONNE A MOI AUSSI.*

***LORSQUE J'AI VU CES GENS, ECOUTANT MES ORDRES ET M'OBEISSANT,** ET QUE NOUS AVONS VU QUE LA REUSSITE NE POUVAIT SE REALISER SANS LEUR OBEISSANCE A MON ORDRE, J'AI ALORS ETE DOMINE PAR LA FIERTE. AUSSI AI-JE VOULU LA BRISER.*

- ***'UMAR ALLA AVEC LA GOURDE A LA MAISON D'UNE VEUVE ANIAR ET VERSA L'EAU DANS SA JARRE. »***

***MUHAMMAD IBN AL-BAQI IBN MUHAMMAD,** SUIVANT UNE CHAINE DE GARANTS REMONTANT A **AL-AWZA'I,** A DIT :*

*« **'UMAR IBN AL-KHATTAB** SORTIT DANS L'OBSCURITE DE LA NUIT. TALHA LE VIT ENTRER DANS UNE MAISON ET PUIS DANS UNE AUTRE. LE MATIN, TALHA ALLA VERS CETTE MAISON. IL Y VIT UNE VIELLE FEMME AVEUGLE ET PARALYTIQUE. IL LUI DIT :*

- ***QUE VOULAIT CET HOMME EN VENANT CHEZ TOI ?** IL PREND SOIN DE MOI DEPUIS TEL ET TEL JOUR. IL M'APPORTE CE QUI M'EST UTILE ET OTE DE MOI LA SOUFFRANCE.*

- ***QUE TA MERE TE PERDE, O TALHA !** QU'AS-TU A NE PAS SUIVRE L'EXEMPLE DE "UMAR ? »*

# *L'EMIR DES CROYANTS* ***'UTHMAN IBN 'AFFAN***

## *L'EMIR DES CROYANTS*

***UMM AL-HASAN FATIMA FILLE DE IBN 'ABD ALLAH,*** *SUIVANT UNE CHAINE DE GARANTS REMONTANT A* ***'AÏSHA,*** *A DIT :*

***« LA FAMILLE DE MUHAMMAD*** *RESTA QUATRE JOURS SANS NOURRITURE AU POINT QUE LES ENFANTS EN BAS AGE CRIAIENT, TORTURES PAR LA FAIM. L'ENVOYE DE DIEU - QUE DIEU LUI ACCORDE LA GRACE ET LA PAIX - ENTRA CHEZ EUX ET DIT :*

- ***Ô 'AÏSHA !*** *AVEZ-VOUS TROUVE APRES MOI QUELQUE CHOSE A MANGER ?*

- ***OU ALLONS-NOUS LE TROUVER SI DIEU*** *NE NOUS L'APPORTE PAS PAR TON INTERMEDIAIRE ?*

***LE PROPHETE - QUE DIEU LUI ACCORDE LA GRACE ET LA PAIX - SORTIT, HONTEUX.*** *TANTOT IL PRIAIT ET TANTOT IL INVOQUAIT DIEU. »*

***'AI'SHA DIT ENSUITE : « 'UTHMAN*** *ETAIT VENU NOUS VOIR EN FIN DE JOURNEE. IL DEMANDA LA PERMISSION D'ENTRER. JE NE ME SUIS PAS SOUCIEE DE ME CACHER DE LUI.*

***C'ETAIT PEUT-ETRE UN DE CES NOMBREUX HOMMES MUSULMANS*** *QUE DIEU AVAIT CONDUIT VERS NOUS POUR NOUS APPORTER A TRAVERS LUI QUELQUE CHOSE DE BIEN. AUSSI, LUI DONNAIS-JE LA PERMISSION D'ENTRER. IL ME DIT :*

- ***MERE ! OU EST L'ENVOYE DE DIEU*** *- QUE DIEU LUI ACCORDE LA GRACE ET LA PAIX - ?*

- ***Ô MON FILS ! LA FAMILLE DE MUHAMMAD*** *N'A RIEN MANGE DEPUIS QUATRE JOURS.*

***L'ENVOYE DE DIEU - QUE DIEU LUI ACCORDE LA GRACE ET LA PAIX*** *- ARRIVA, INCONSISTANT ET LE VENTRE CREUX.* ***'AÏSHA*** *LUI APPRIT CE QUE* ***'UTHMAN*** *LUI AVAIT DIT ET CE QU'ELLE LUI AVAIT REPONDU.* ***'UTHMAN*** *PLEURA ET DIT :*

- ***MALHEUR A CE BAS MONDE ! O MERE DES CROYANTS !***
- *EN VERITE, JE NE SAVAIS PAS QU'UNE TELLE CHOSE POUVAIT T'ARRIVER SANS QUE TU NE ME LE DISES A MOI, A* ***'ABD AR-RAHMAN IBN 'AWF, A THABIT IBN QAYS,*** *OU A L'UN DES NOMBREUX AUTRES MUSULMANS.*

***PUIS, IL SORTIT ET LUI ENVOYA DES QUANTITES DE SEMOULE, DE GRAIN, DE DATTES,*** *UNE PORTION DE VIANDE ET UNE BOURSE CONTENANT TROIS CENTS DIRHAMS. ENSUITE, IL DIT :*

- ***C'EST LA TOUTE L'ATTENTION QUE JE PEUX VOUS PORTER.***

***IL Y AJOUTA DU PAIN ET BEAUCOUP DE VIANDES GRILLEES. IL DIT ALORS :***

- ***MANGEZ CELA EN ATTENDANT L'ARRIVEE DE L'ENVOYE DE DIEU*** *- QUE DIEU LUI ACCORDE LA GRACE ET LA PAIX.*

***'UTHMAN ME FIT JURER QU'UNE TELLE SITUATION NE DEVAIT PAS SE REPRODUIRE*** *SANS QUE JE LE LUI FASSE SAVOIR. ENTRE TEMPS, L'ENVOYE DE DIEU - QUE DIEU LUI ACCORDE LA GRACE ET LA PAIX - ENTRA. IL DIT :*

- ***Ô 'AÏSHA !*** *AVEZ-VOUS TROUVE DE QUOI MANGER, APRES MOI ?*

- ***OUI, O ENVOYE DE DIEU !*** *JE SAVAIS QUE TU ETAIS PARU POUR INVOQUER DIEU, LE GRAND, LE PUISSANT. JE SAVAIS QUE DIEU NE LAISSERAIT PAS VAINE TON INVOCATION.*

- ***QU'AVEZ-VOUS TROUVE ?***

- ***CECI ET CELA DE SEMOULE PORTEE PAR UN CHAMEAU,*** *CECI ET CELA DE GRAINS PORTES PAR UN CHAMEAU, CECI ET CELA DE DATTES PORTEES PAR UN CHAMEAU. À CELA S'AJOUTE UNE BOURSE DE TROIS CENTS DIRHAMS, DU PAIN ET BEAUCOUP DE VIANDES GRILLEES.*

- ***QUI VOUS A APPORTE TOUT CELA ?***

- ***C'EST DE LA PART DE 'UTHMAN IBN 'AFFAN.*** *CELUI-CI EST VENU ME VOIR ET JE LUI AI RACONTE DANS QUEL ETAT NOUS ETIONS. IL PLEURA ET FIT ALLUSION A L'ETAT DETESTABLE DE CE BAS MONDE. IL ME FIT JURER QU'UNE TELLE SITUATION NE SE REPRODUIRAIT PAS SANS QUE JE L'EN INFORME.*

***L'ENVOYE DE DIEU - QUE DIEU LUI ACCORDE LA GRACE ET LA PAIX*** *- SORTIT AUSSITOT ET SE RENDIT A LA MOSQUEE. LA, IL LEVA SES MAINS VERS LE CIEL ET REPETA TROIS FOIS :*

1. ***SEIGNEUR ! JE SUIS SATISFAIT DE 'UTHMAN ; SOIS SATISFAIT DE LUI.***
2. ***SEIGNEUR ! JE SUIS SATISFAIT DE "UTHMAN ; SOIS SATISFAIT DE LUI.***
3. ***SEIGNEUR ! JE SUIS SATISFAIT DE "UTHMAN ; SOIS SATISFAIT DE LUI.***

***L'IMAM ABU AL-KASAN 'ALI IBN 'ASAKIR,*** *SUIVANT UNE CHAINE DE GARANTS REMONTANT A* ***IBN 'ABBAS,*** *A DIT :*

***« LA PLUIE MANQUA SOUS LE CALIFAT D'ABU BAKR AS-SIDDIQ.*** *LES GENS SE REUNIRENT CHEZ CE DERNIER. ILS DIRENT :*

- ***LA PLUIE NE TOMBE PAS DU CIEL,*** *LA TERRE NE PRODUIT RIEN ET LES GENS SONT DANS UNE SITUATION CRITIQUE.*

- ***PARTEZ ET SOYEZ PATIENTS, DIT ABU BAKR.*** *DIEU FINIRA PAR VOUS SOULAGER DE VOTRE AFFLICTION.*

***LA CARAVANE DE 'UTHMAN ARRIVA DE SYRIE.*** *CENT MONTURES DE FROMENT ET DE DIVERSES NOURRITURES ARRIVERENT. LES GENS SE RE UNIRENT DEVANT LA PORTE DE* ***'UTHMAN*** *ET FRAPPERENT A SA PORTE.* ***'UTHMAN*** *SORTIT AU MILIEU DE CES GENS ET DIT :*

- ***QUE VOULEZ-VOUS ? NOUS MANQUONS D'EAU ET LA PLUIE NE TOMBE PAS DU CIEL, LES PLANTES NE POUSSENT PAS DE LA TERRE*** *ET LES GENS SE TROUVENT DANS UNE SITUATION CRITIQUE.*

- *NOUS AVONS APPRIS QUE TU POSSEDES DE LA NOURRITURE. VENDS-NOUS DE QUOI DISTRIBUER AUX MUSULMANS PAUVRES.*

- ***BON GRE, MAL GRE, ENTREZ !*** *DIT 'UTHMAN. ACHETEZ CE QUE VOUS VOULEZ.*

***LES COMMERÇANTS*** *ENTRERENT ET TROUVERENT LA NOURRITURE* ***ETALEE DANS LA MAISON DE 'UTHMAN.*** *CELUI-CI LEUR DIT :*

- ***COMBIEN ME FEREZ-VOUS GAGNER DE CE QUE J'AI ACHETE EN SYRIE ?*** *DOUZE POUR DIX.*

- ***CE N'EST PAS ASSEZ ! QUATORZE POUR DIX.*** *AUGMENTEZ ENCORE VOTRE PRIX.****QUINZE POUR DIX.*** *AJOUTEZ ENCORE.*

- ***Ô ABU 'AMRU ! DIRENT LES COMMERÇANTS.*** *IL N'Y A A MEDINE QUE NOUS COMME COMMERÇANTS. QUI, EN DEHORS DE NOUS, SURENCHERIRA ?*

- ***DIEU BENI ET HAUT, DIT 'UTHMAN, ME DONNE POUR CHAQUE DIRHAM L'EQUIVALENT DE DIX.*** *POUVEZ-VOUS FAIRE MIEUX ?*

- ***QUE NON ! JE PRENDS DIEU COMME TEMOIN*** *QUE JE DONNE CETTE NOURRITURE EN AUMONE AUX MUSULMANS PAUVRES. »*

***IBN 'ABBAS A DIT :***

***« UNE NUIT, J'AI VU EN REVE L'ENVOYE DE DIEU - QUE DIEU LUI ACCORDE LA GRACE ET LA PAIX*** *-, MONTE SUR UN CHEVAL DE TRAIT BIGARRE DE BLANC ET DE NOIR. IL ETAIT VETU D'UN VETEMENT FAIT DE LUMIERE. IL PORTAIT A SES PIEDS DEUX SAVATES FAITES EGALEMENT DE LUMIERE. IL TENAIT A LA MAIN UN BATON DE LUMIERE. IL ETAIT PRESSE. JE LUI AI DIT :*

- ***ENVOYE DE DIEU ! J'EPROUVE UN GRAND DESIR POUR TOI ET POUR TES PAROLES.*** *OU TE RENDS-TU COMME ÇA ?*

- ***Ô IBN 'ABBAS ! 'UTHMAN*** *A FAIT UNE AUMONE QUE DIEU AGREA DE LUI ET L'A MARIE A UNE FEMME DU PARADIS. IL NOUS A INVITES A SON MARIAGE.»*

***ABU AL-FARJ AL-HUSAYN IBN 'ALI IBN 'UBAYD ALLAH,*** *SUIVANT UNE CHAINE DE GARANTS REMONTANT A* ***KATHIR IBN AS-SULT,*** *A DIT :* ***«JE SUIS ENTRE CHEZ 'UTHMAN*** *AU MOMENT OU IL ETAIT ENCERCLE PAR LES ASSAILLANTS. IL ME DIT :*

- ***Ô KATHIR !*** *JE NE ME VOIS AUJOURD'HUI QUE MORT.* ***AU CONTRAIRE, DIEU, PUISSANT ET MAJESTUEUX****, TE FERA TRIOMPHER DE TES ENNEMIS, O EMIR DES CROYANTS !*

- ***Ô KATHÎR IBN AS-SULT!*** *JE NE ME VOIS QUE MORT AUJOURD'HUI, REPETA 'UTHMAN.* ***EST-CE L'ENVOYE DE DIEU QUI T'A FIXE CE JOUR ? NON ! J'AI VEILLE LA NUIT PRECEDENTE.*** *A L'HEURE DU SUHUR (DEUXIEME REPAS DE LA JOURNEE DU MOIS DE RAMADAN) JE ME SUIS ASSOUPI QUELQUE PEU.*

***J'AI VU, COMME CE QUE VOIT LE DORMEUR, L'ENVOYE DE DIEU*** *- QUE DIEU LUI ACCORDE LA GRACE ET LA PAIX -, ABU BAKR ET "UMAR. L'ENVOYE DE DIEU - QUE DIEU LUI ACCORDE LA GRACE ET LA PAIX - DISAIT :*

- ***"O "UTHMAN ! REJOINS-NOUS. NOUS T'ATTENDONS. »*** *IL A ETE TUE CE JOUR-LA MEME. QUE DIEU AIT SON AME ! »*

***ABU AL-QASIM YAHYA IBN AS'AD,*** *SUIVANT UNE CHAINE DE GARANTS REMONTANT A LA FEMME DE* ***'UTHMAN IBN 'AFFAN,*** *A ECRIT :*

***« LORSQUE 'UTHMAN A ETE ENCERCLE, IL A ETE VU UN JOUR AVANT D'ETRE TUE.*** *IL JEUNAIT. AU MOMENT DE ROMPRE SON JEUNE, IL DEMANDA A SES ASSIEGEANTS DE L'EAU FRAICHE, QU'ILS REFUSERENT DE LUI APPORTER, ARGUANT QU'IL N'AVAIT QU'A SE SERVIR DU RECIPIENT QU'IL AVAIT A SA DISPOSITION.*

***EN EFFET, IL Y AVAIT DANS LA MAISON UN RECIPIENT DANS LEQUEL IL JETAIT LES PUANTEURS.*** *AINSI DORMIT-IL SANS AVOIR ROMPU LE JEUNE. À LA POINTE DU JOUR, DES VOISINES, L'UNE APRES L'AUTRE, VINRENT ME VOIR. JE LEUR AI DEMANDE DE M'APPORTER DE L'EAU FRAICHE. ELLES ME REMIRENT UN CRUCHON D'EAU QUE J'AI PORTE A 'UTHMAN.*

***EN ARRIVANT, J'AI TROUVE CELUI-CI ENDORMI, LA TETE POSEE SUR LA DERNIERE MARCHE.*** *IL RONFLAIT. JE L'AI SECOUE ET IL S'EST REVEILLE. JE LUI AI DIT : VOILA DE L'EAU FRAICHE QUE JE T'AI APPORTEE. IL LEVA LA TETE VERS LE CIEL ET REGARDA A L'HORIZON L'AUBE NAISSANTE. IL DIT :*

- ***JE ME REVEILLE A L'ETAT DE JEUNE.*** *IL NE PEUT EN ETRE QU'AINSI : JE NE VOIS PERSONNE QUI T'A APPORTE DE QUOI BOIRE OU MANGER.*

***J'AI VU L'ENVOYE DE DIEU - QUE DIEU LUI ACCORDE LA GRACE ET LA PAIX -*** *REGARDER PAR CE PLAFOND. IL AVAIT AVEC LUI UNE OUTRE D'EAU ET ME DIT :*

- ***"BOIS O 'UTHMAN !" J'AI BU JUSQU'A ETANCHER MA SOIF.*** *IL M'A DIT : "BOIS ENCORE !" J'AI BU DE NOUVEAU. PUIS, IL ME DIT :* ***"LE NOMBRE DES GENS QUI SONT CONTRE TOI VA AUGMENTER.*** *SI TU LES COMBATS, TU SORTIRAS VAINQUEUR. SI TU Y RENONCES, TU TRIOMPHERAS AUPRES DE NOUS." »*

***LA FEMME DE 'UTHMAN DIT :*** *« LES ASSAILLANTS ENVAHIRENT LA MAISON CE JOUR-LA ET LE TUERENT. QUE DIEU LUI ACCORDE SA GRACE ! »*

***ABU QATADA A DIT : «JE SUIS ENTRE, AVEC UN HOMME DE MON CLAN, CHEZ 'UTHMAN*** *ALORS QU'IL ETAIT ENCERCLE. JE LUI AI DEMANDE LA PERMISSION, QU'IL M'ACCORDA, DE ME RENDRE EN PELERINAGE.*

***EN SORTANT, JE FUS ACCUEILLI PAR AL-HASAN IBN 'ALI*** *- QUE LA PAIX SOIT SUR LUI. IL PORTAIT SUR LUI SON ARME. JE SUIS RETOURNE AVEC LUI CHEZ* ***'UTHMAN. AL-HASAN*** *SE TINT DEBOUT DEVANT* ***'UTHMAN*** *ET LUI DIT :*

- ***EMIR DES CROYANTS !*** *JE SUIS LA SOUS TON COMMANDEMENT. ORDONNE-MOI CE QUE JE DOIS FAIRE.* ***FILS DE MON FRERE, REPONDIT 'UTHMAN !*** *CES GENS N'EN .NT QU'APRES MOI. PAR DIEU 1 JE NE ME PRESERVE PAS DERRIERE LES CROYANTS, MAIS JE DOIS PROTEGER LES CROYANTS DE MA PERSONNE.*

***EN ENTENDANT CELA DE LUI, DIT ABU QATADA,*** *JE LUI AI DIT :*

- ***EMIR DES CROYANTS !*** *SI TU AS UN ORDRE A ME DONNER, ORDONNE DONC CE QUE TU AS A ORDONNER.* ***REGARDE AUTOUR DE QUOI LA COMMUNAUTE DE MUHAMMAD S'EST REUNIE.*** *DIEU NE LES REUNIT PAS DANS L'EGAREMENT. SOYEZ AVEC LA COMMUNAUTE QUELLES QUE SOIENT LES CIRCONSTANCES. »*

***BASHSHAAR IBN MUSA*** *A DIT QUE C'EST* ***HAMMAD IBN ZAYD*** *QUI RAPPORTA CE RECIT. DE SES YEUX DES LARMES COULERENT ET DIT : «* ***QUE DIEU AIT EN SA MISERICORDE L'EMIR DES CROYANTS QUI DEMEURA ENCERCLE UN PEU PLUS DE QUARANTE NUITS SANS*** *QU'UNE SEULE PAROLE SORTE DE SA BOUCHE QUI PUISSE ETRE EXPLOITEE, COMME ARGUMENT, PAR UN INNOVATEUR. »*

***ABU BAKR AHMAD IBN AL-MUQARRAB,*** *SUIVANT UNE CHAINE DE GARANTS REMONTANT A* ***QUELQUES CHEIKHS DES BANU RASIB,*** *A DIT : «* ***J'ACCOMPLISSAIS LE CIRCUIT AUTOUR DE LA KA'BA.*** *AU MEME MOMENT, UN HOMME AVEUGLE TOURNAIT AUSSI AUTOUR DE LA MAISON. IL DISAIT : SEIGNEUR ! JE TE DEMANDE DE ME PARDONNER MAIS TU NE FAIS RIEN. NE CRAINS-TU PAS DIEU, LUI DIS-JE ?*

***J'AI MES RAISONS. AVANT QUE 'UTHMAN NE SOIT TUE,*** *MOI ET UN DE MES AMIS AVONS FAIT LE SERMENT DE SOUFFLETER LA JOUE DE 'UTHMAN. NOUS SOMMES RENTRES CHEZ LUI. SA TETE REPOSAIT SUR LES GENOUX DE SA FEMME* ***IBNATU AL-FARAFISA.*** *MON AMI DIT A CETTE DERNIERE :*

- ***DECOUVRE SON VISAGE. ET POURQUOI ?*** *C'EST POUR SOUFFLETER SA JOUE.* ***N'AGREES-TU PAS CE QUE L'ENVOYE DE DIEU - QUE DIEU LUI ACCORDE LA GRACE ET LA PAIX*** *- A DIT A CE SUJET ?* ***IL A DIT CECI ET CELA. MON AMI EUT HONTE ET FIT DEMI-TOUR.***

- ***JE LUI AI DEMANDE, A MON TOUR, DE DECOUVRIR LE VISAGE DE 'UTHMAN.*** *J'AI SOUFFLETE ALORS LE VISAGE DE 'UTHMAN.* ***SA FEMME ME DIT :*** *QUE DIEU SECHE TA MAIN, TE FASSE PERDRE LA VUE ET NE TE PARDONNE JAMAIS.* ***JE N'ETAIS PAS ENCORE SORTI DE LA MAISON QUE MA MAIN SECHA ET QUE MA VUE S'ETEIGNIT*** *ET DIEU N'A PAS ENCORE PARDONNE MON PECHE. »*

***DABBA*** *A RAPPORTE CE QUI SUIT : «* ***'UTHMAN - QUE DIEU L'AGREE -*** *DISAIT APRES AVOIR ETE FRAPPE, LE SANG COULANT SUR SA BARBE :*

***IL N'Y A DE DIVINITE QUE TOI, GLOIRE A TOI. J'AI ETE PARMI LES INJUSTES. SEIGNEUR !*** *JE ME REFUGIE AUPRES DE TOI. J'IMPLORE TON AIDE POUR TOUTES MES AFFAIRES. JE TE DEMANDE LA PATIENCE DANS LES EPREUVES QUE JE TRAVERSE. »*

***L'IMAM ABU AL-HASAN 'ALI IBN 'ASAKIR,*** *SUIVANT UNE CHAINE DE GARANTS REMONTANT A* ***ABU QALLABA,*** *A ECRIT : «JE SUIS ARRIVE A* ***KHANDAQA*** *ET J'AI ENTENDU UN HOMME APPELER :*

- ***MALHEUR ! IL Y A LE FEU !*** *QU'EST CE QUI SE PASSE, LUI DIS-JE ?* ***TU VERRAS DES CHOSES ETRANGES, ME REPONDIT-IL.*** *JE SUIS ALLE VERS LUI.*

***C'ETAIT UN HOMME QUI AVAIT LES DEUX MAINS COUPEES A PARTIR DES POIGNETS*** *AINSI QUE LES DEUX PIEDS. IL ETAIT AVEUGLE, ET SON VISAGE ETAIT ACCABLE PAR LA DOULEUR. IL CRIAIT :*

- ***MALHEUR ! IL Y A LE FEU, IL Y A LE FEU ! O SERVITEUR DE DIEU !*** *QU'AS-TU DONC ? LAISSE-MOI TRANQUILLE !* ***INFORME CET HOMME, LUI DIT QUELQU'UN.*** *JE SUIS DE CEUX QUI S'INTRODUIRENT DANS LA MAISON DE UTHMAN.*

***J'AI ETE DE CEUX QUI AVAIENT HATE D'ARRIVER A LUI.*** *LORSQUE JE ME SUIS APPROCHE DE LUI, J'AI ELEVE LE TON AVEC SA FEMME. ELLE S'EST RETOURNEE VERS MOI ET ALORS JE L'AI GIFLEE. L'HOMME TOURNA SON VISAGE VERS MOI, ET SES YEUX S'EMPLIRENT DE LARMES. JE LUI AI DEMANDE :*

- ***POURQUOI DIEU FA-T-IL AMPUTE DE TES MAINS ET DE TES JAMBES,*** *T'A AVEUGLE ET T'A-T-IL FAIT PARVENIR JUSQU'AU FEU DE L'ENFER ?*

***J'AI ETE PRIS D'UN TREMBLEMENT (APRES LES MALEDICTIONS LANCEES CONTRE MOI PAR UTHMAN).*** *JE SUIS AUSSITOT GRIMPE SUR MA MONTURE ET JE SUIS VITE PARTI, ACCELERANT LA MARCHE, POUR ETRE DELIVRE DE SES INVOCATIONS DE MAUVAIS AUGURE. QUAND JE SUIS ARRIVE LA NUIT EN CE LIEU, QUELQU'UN SE MANIFESTA A MOI ET ME FIT CE QUE TU VOIS EN MOI.*

- ***PAR DIEU ! JE NE SAIS PAS SI C'EST UN ETRE HUMAIN OU UN DJINN.*** *DIEU A AINSI REPONDU A LA MALEDICTION D'UTHMAN CONTRE MOI, EN M'AMPUTANT DE MES DEUX MAINS, DE MES DEUX PIEDS ET EN ME RENDANT AVEUGLE.*

- ***PAR DIEU ! DE TOUS SES ANATHEMES, IL NE RESTE PLUS QUE LE FEU. » ABU QALLABA DIT ENSUITE :*** *JE ME DISPOSAIS A LE FOULER DE MES PIEDS ET JE LUI AI DIT :* ***"PUISSES-TU PERIR ET ETRE ANEANTI !" »***

***ABU 'ABD ALLAH,*** *SUIVANT UNE CHAINE DE GARANTS REMONTANT A* ***IBN MARWAN AL-QURSHI,*** *A DIT :*

***« AU MOMENT OU 'ALI IBN AL-HUSAYN*** *ACCOMPLISSAIT SON CIRCUIT AUTOUR DE LA* ***KA'BA,*** *IL ENTENDIT UN HOMME DIRE :*

- ***SEIGNEUR ! JE TE DEMANDE PARDON ET TU NE VEUX RIEN FAIRE.*** *O SERVITEUR DE DIEU ! LUI DIT 'AIL IBN AL-HUSAYN. EN CE QUI TE CONCERNE, TON DESESPOIR ME FAIT CRAINDRE POUR TOI PLUS QUE TON PECHE.*

- ***JE FAISAIS PARTIE DU CONVOI QUI S'EST RENDU CHEZ UTHMAN, LUI EXPLIQUA-T-IL.*** *J'AI ETE LE PLUS ZELE DE MES COMPAGNONS ET LE PLUS ACTIF DANS LEUR ENTREPRISE. QUAND L'HOMME ('UTHMAN) A ETE TUE, JE SUIS ENTRE LE VOIR. IL ETAIT RECOUVERT D'UN VETEMENT.*

- ***J'AI SOULEVE LE VETEMENT ET DECOUVERT SON VISAGE.*** *IL ETAIT COMME ENDORMI. JE L'AI ASSIS ET JE L'AI GIFLE. UNE VOIX, VENANT DE LA MAISON, ME PARVINT EN DISANT :* ***"QU'EST-CE QUI TE PREND ? QUE DIEU TE SECHE TES MAINS, TE RENDE AVEUGLE ET NE TE PARDONNE JAMAIS TON PECHE."***

***VOICI MA MAIN, TU LA VOIS. MA VUE A ETE PERDUE.*** *JE NE SAIS PAS SI DIEU ME PARDONNERA OU NON. »*

# *L'EMIR DES CROYANTS* ***'ALI IBN ABI TALIB***

## *L'EMIR DES CROYANTS*

***ABU AL-FATH MUHAMMAD IBN AL-BAQI,*** *SUIVANT UNE CHAINE REMONTANT A ABU GALIH, A RAPPORTE CE QUI SUIT :*

*«* ***DARRAR IBN HAMZA AL-KANNANI ENTRA CHEZ MU'AWIYYA*** *QUI LUI DIT :* ***DECRIS-MOI 'ALI.*** *MAIS TU NE ME PUNIRAS PAS, O EMIR DES CROYANTS !*

- ***NON, JE NE TE PUNIRAI PAS. PUISQU'IL EN EST AINSI*** *: PAR DIEU, SON RAYONNEMENT EST D'UNE LONGUE PORTEE. C'EST UN HOMME FORT QUI TRANCHE LES DIFFERENTS ET JUGE EN TOUTE EQUITE.*

- ***LA SCIENCE EMERGE DE LUI DE TOUS LES COTES ET SA SAGESSE JAILLIT DE TOUTE PART.*** *IL EST INTRAITABLE AVEC CE MONDE ET SA BEAUTE. IL EST PLUS FAMILIER AVEC LA NUIT ET SON OBSCURITE.*

- ***PAR DIEU ! IL EST FECOND EN ENSEIGNEMENTS. SA PENSEE EST PROFONDE.*** *IL FAIT SON EXAMEN DE CONSCIENCE ET SE REMET EN QUESTION. DES VETEMENTS, IL NE PORTE QUE CE QUI EST MODESTE ; DE LA NOURRITURE, IL NE MANGE QUE CE QUI EST FRUGAL.*

- ***C'EST QUELQU'UN QUI VIT PARMI NOUS. IL NOUS AIDE QUAND NOUS AVONS BESOIN DE LUI.*** *IL REPOND A NOS REQUETES. IL EST FACILEMENT ABORDABLE ET IL NOUS ABORDE AVEC AUTANT DE FACILITE.*

- ***NOUS NE NOUS ADRESSONS A LUI QU'AVEC RESPECT.*** *QUAND IL SOURIT, SON SOURIRE RESSEMBLE A DES PERLES DISPOSEES EN COLLIER. IL A UNE HAUTE IDEE DES GENS DE RELIGION.* ***IL AIME LES INDIGENTS.***

***JE L'AI VU DANS CERTAINES DE SES ATTITUDES, A LA TOMBEE DE LA NUIT,*** *AU MOMENT OU LES ETOILES S'INCRUSTAIENT DANS LE CIEL :* ***IL RESTAIT COURBE EN HAUT DE SA CHAIRE, TENANT SA BARBE, AGITE, ET VERSANT DES LARMES DE TRISTESSE.***

***C'EST COMME SI JE L'ENTENDAIS ENCORE AUJOURD'HUI,*** *IMPLORANT DIEU :*

- ***"O NOTRE SEIGNEUR ! O NOTRE SEIGNEUR !"*** *PUIS, IL S'ADRESSAIT A CE MONDE : "J'EN SUIS ILLUSIONNE, OU ALORS C'EST MOI QUI MANIFESTE UN DESIR ARDENT POUR LUI.*

- ***PRENDS GARDE ! PRENDS GARDE ! TROMPE QUELQU'UN D'AUTRE QUE MOI !*** *TON EMBELLISSEMENT N'EST QU'UN MALHEUR, TA DUREE DE VIE EST COURTE, TON SEJOUR EST EPHEMERE, ET LE DANGER QUE TU REPRESENTES EST INSIGNIFIANT.* ***AH ! COMBIEN EST MINIME LE VIATIQUE*** *ALORS QUE LE VOYAGE EST LONG, EN SOLITAIRE SUR LA ROUTE."*

***MU'AWIYA NE PUT RETENIR SES LARMES, QUI COULERENT SUR SA BARBE.*** *IL SE MIT A L'ESSUYER AVEC SA MANCHE. LES SANGLOTS ETRANGLAIENT TOUS LES PRESENTS.* ***MU'AWIYA DIT ALORS :***

- ***AINSI ETAIT ABU AL-HASAN - QUE DIEU LE COUVRE DE SA MISERICORDE.*** *COMMENT EPROUVER DE L'ALLEGRESSE DEVANT UNE TELLE PERTE ?*

- ***LE CHAGRIN DE CELUI QUI TUE CE QU'IL Y A D'UNIQUE DANS LE GIRON DE LA VIE,*** *ABONDERA DE LARMES QUI NE CESSERONT PAS DE COULER, ET SA TRISTESSE NE POURRA S'APAISER. ENSUITE, IL SE LEVA ET SORTIT. »*

***ABU AL-MA'ALI 'ABD AR-RAHMAN,*** *SUIVANT UNE CHAINE DE GARANTS REMONTANT A* ***KAMIL IBN ZIYAD,*** *A DIT :*

*«* ***'ALI IBN ABI TALIB - QUE DIEU L'AGREE*** *- PRIT MA MAIN ET M'AMENA DANS UN ENDROIT DESERT. AU POINT DU JOUR, IL SE MIT A POUSSER DE PROFONDS SOUPIRS. IL ME DIT :*

***O KAMIL IBN ZIYAD !*** *LES CŒURS SONT DES RECIPIENTS. LE MEILLEUR EST LE PLUS AVISE. APPRENDS DE MOI CE QUE JE VAIS TE DIRE :* ***IL Y A TROIS SORTES D'HOMMES :***

1. ***UN ENSEIGNANT DOCTE,***
2. ***UN ELEVE QUI S'INSTRUIT POUR ASSURER SON SALUT****, ET*
3. ***LA LIE DE LA SOCIETE*** *QUI, COMME UN TROUPEAU DE BETAIL, SUIT TOUT CE QUI CROASSE.*

***CES DERNIERS PENCHENT DU COTE DE TOUT VENT QUI SOUFFLE,*** *NE S'ECLAIRENT PAS DE LA LUMIERE DE LA SCIENCE ET NE SE REFUGIENT PAS DANS UN COIN SUR. LA SCIENCE EST PREFERABLE A LA RICHESSE.* ***LA PREMIERE TE PRESERVE. QUANT A LA SECONDE, C'EST TOI QUI LA PRESERVES.***

- ***LA SCIENCE ACCROIT LE MERITE DES ŒUVRES.*** *QUANT A LA FORTUNE, ELLE EN DIMINUE LA VALEUR. L'AMOUR DE L'HOMME DE SCIENCE EST UN PRET D'ARGENT DONT IL SERA DEMANDE DES COMPTES.*

- ***LA SCIENCE FAIT ACQUERIR, DANS SA VIE, L'OBEISSANCE A L'HOMME DE SCIENCE*** *ET, APRES SA MORT, LUI DONNERA UNE BONNE REPUTATION.*

- ***QUANT AUX EFFETS PRODUITS PAR LA RICHESSE,*** *ILS DISPARAISSENT DE LA MEME MANIERE QUE LES TRESORS S'EPUISENT DE LEUR VIVANT.*

***LES SAVANTS DEMEURENT COMME LE TEMPS QUI NE FINIT PAS.*** *LES SOURCES DE LA FORTUNE SE TARISSENT. PAR CONTRE, LEURS EXEMPLES RESTENT PRESENTS DANS LES CŒURS.*

- ***VOILA ! VOILA ! C'EST ICI !*** *IL DESIGNA SA POITRINE DE SA MAIN.* ***SCIENCE*** *! SI TU POUVAIS TROUVER* ***CELUI QUI POURRAIT LA TRANSPORTER !***

***MIEUX ENCORE, SI TU POUVAIS LUI TROUVER QUELQU'UN DIGNE DE CONFIANCE POUR L'ENSEIGNER.*** *IL UTILISERA LA RELIGION COMME INSTRUMENT POUR CE MONDE.*

***IL APPRENDRA PAR CŒUR LES ARGUMENTS DE DIEU QU'IL TIRERA DE SON LIVRE*** *ET EN FERA BENEFICIER SES SERVITEURS, OU SE MONTRERA RESIGNE DEVANT LES GENS DE VERITE, SANS SE CUIRASSER CONTRE LA VIVIFICATION DE CETTE DERNIERE.*

- ***IL ANEANTIRA LE DOUTE DANS SON CŒUR A LA PREMIERE OPPOSITION*** *D'UNE SUSPICION VENANT D'UN COTE OU DE L'AUTRE.* ***S'IL EST PRIS D'AVIDITE POUR LES DOUCEURS DE LA VIE,*** *IL BRIDERA LES CONVOITISES OU LES SOLLICITATIONS D'AMASSER DES BIENS ET DE LES THESAURISER.*

***IL N'Y A RIEN DE PLUS RESSEMBLANT A CERTAINS PREDICATEURS DE LA RELIGION QUE LES TROUPEAUX ERRANTS.*** *C'EST AINSI QUE LA SCIENCE MEURT DE LA MEME MORT QUE CELUI QUI LA POSSEDE. SI FAIT, PAR DIEU !*

***LA TERRE NE SE DESEMPLIRA PAS DE CEUX,*** *DONT LE NOMBRE EST REDUIT, QUI SOUTIENNENT LA CAUSE DE DIEU EN BRANDISSANT SES ARGUMENTS AFIN QUE SES ARGUMENTS ET SES PREUVES NE SOIENT PAS VAINS. CEUX QUI, AUPRES DE DIEU, ONT UNE ENORME CONSIDERATION, SONT CEUX AVEC LESQUELS*

- ***II REPOUSSE LES OPPOSANTS A SES ARGUMENTS*** *JUSQU'A LES ACCULER.*

- ***ILS PORTENT SES ARGUMENTS ET LES SEMENT*** *DANS LES CŒURS DE LEURS SEMBLABLES.*

***LA SCIENCE LES ENVAHIT PAR LA REALITE DE SES FAITS.*** *AINSI,*

- ***ILS ADOUCISSENT CE QUE LES FORTUNES ONT TROUVE DIFFICILE*** *ET FONT OUBLIER CE QUE LES IGNORANTS ONT TROUVE ININTERESSANT.*

- ***ILS ABORDENT LE MONDE AVEC DES CORPS ET DES AMES SUSPENDUS*** *A L'HORIZON LE PLUS HAUT*

***CE SONT CEUX-LA LES KHULAFA DE DIEU DANS SON ROYAUME,*** *LES PREDICATEURS DE SA RELIGION. AH ! QUEL DESIR ARDENT A LES VOIR. JE DEMANDE PARDON A DIEU POUR MOI ET POUR TOI. SI TU LE VEUX, LEVE-TOI A PRESENT ! »*

***MUHAMMAD,*** *SUIVANT* ***UNE CHAINE DE GARANTS*** *REMONTANT A* ***SHURAYH,*** *A DIT :*

*« **LORSQUE 'ALÎ - QUE DIEU L'AGREE - ALLA COMBATTRE MU'AWIYA,** IL PERDIT UNE COTTE DE MAILLES. AU TERME DE LA BATAILLE, IL REVINT A KOUFA ET LA TROUVA DANS LA MAIN D'UN JUIF QUI LA VENDAIT AU MARCHE :*

- ***JUIF! CETTE COTTE DE MAILLES M'APPARTIENT.** JE N'AI L'INTENTION NI DE LA VENDRE NI DE L'OFFRIR.*

- ***CETTE COTTE DE MAILLES DANS MA MAIN EST BIEN A MOI.** QU'ON AILLE CHEZ LE CADI POUR TRANCHER LE DIFFEREND, LUI DIT 'ALI.*

***TOUS DEUX ALLERENT CHEZ SHARIH. 'ALI** S'ASSIT A COTE DE CE DERNIER. QUANT AU JUIF, IL S'INSTALLA DEVANT LUI. VOYANT CELA, **'ALI** DECLARA :*

- ***SI J'AVAIS EU A JUGER UN JUIF,** JE L'AURAIS PLACE, DANS UNE ASSEMBLEE, SUR UN MEME PIED D'EGALITE AVEC SON ADVERSAIRE.*

*J'AI ENTENDU L'ENVOYE DE DIEU - QUE DIEU LUI ACCORDE LA GRACE ET LA PAIX - DIRE : **"AMOINDRISSEZ-LES COMME DIEU LES A AMOINDRIS DES CROYANTS ! DIT SHURAYH, PARLE !***

- ***OUI, JE DECLARE QUE CETTE COTTE DE MAILLES,** QUI SE TROUVE ENTRE LES MAINS DE CE JUIF, M'APPARTIENT. JE NE PRETENDS NI LA VENDRE, NI L'OFFRIR, DECLARA 'ALI.*

- ***QU'AS-TU A DIRE ? DEMANDA SHURAYH AU JUIF.** C'EST MA COTTE DE MAILLES ET ELLE SE TROUVE ENTRE MES MAINS.*

- ***PARLE, O EMIR DES CROYANTS,** DIT **SHURAYH A 'ALI.** OUI, JE PERSISTE A DIRE QUE CETTE COTTE DE MAILLES, PRESENTEMENT ENTRE LES MAINS DU JUIF, EST A MOI. APPORTE DES PREUVES, LUI DIT **SHURAYH.***

***AL-HASAN ET AL-HUSAYN PEUVENT TEMOIGNER** QUE CETTE COTTE DE MAILLES EST MA PROPRIETE.*

- ***LE TEMOIGNAGE D'UN FILS EN FAVEUR DE SON PERE** N'EST PAS VALABLE, REPLIQUA **SHURAYH**.*

- ***DE PLUS, LE TEMOIGNAGE D'UN HOMME, HOTE DU PARADIS,** N'EST PAS ADMIS, AJOUTA 'ALI.*

***J'AI ENTENDU L'ENVOYE DE DIEU** - QUE DIEU LUI ACCORDE LA GRACE ET LA PAIX - DIRE :*

- ***"AL-HASAN ET AL-HUSAYN SONT LES PATRONS DES JEUNES HOTES DU PARADIS."***

***L'EMIR DES CROYANTS, S'EXCLAMA LE JUIF,*** *M'A TRAITE D'EGAL A EGAL DEVANT SON CADI, ET SON CADI M'A JUGE EN TOUTE EQUITE. JE TEMOIGNE QUE TELLE EST LA VERITE.*

- ***JE TEMOIGNE QU'IL N'Y A DE DIVINITE QUE DIEU ET QUE MUHAMMAD EST L'ENVOYE DE DIEU.*** *EN EFFET, LA COTTE DE MAILLES EST A TOI, DIT-IL A 'ALI.*

- ***TU MONTAIS TON CHAMEAU GRIS CENDRE ET TU TE DIRIGEAIS VERS SIFFIN.*** *ELLE TOMBA A TERRE AU COURS DE LA NUIT ET JE M'EN SUIS SAISI.*

***POUR CE QU'ELLE VAUT, ELLE EST A TOI, LUI DIT 'ALI.*** *J'AI VU, DIT* ***SHURAYH,*** *LE JUIF A CHEVAL PORTER CETTE COTTE DE MAILLE.* ***IL PARTIT COMBATTRE AUX COTES DE 'ALI ET MOURUT A SHARRAT AU NAHRAWAN. »***

# *REFERENCES*

## ***AUTEURS ET REFERENTS***

- ***LE PROPHETE ADAM*** - *QUE LA PAIX SOIT SUR LUI*
- ***LE PROPHETE IBRAHIM (ABRAHAM)*** - *QUE LA PAIX SOIT SUR LUI*
- ***LE PROPHETE DAWUD (DAVID)*** - *QUE LA PAIX SOIT SUR LUI*
- ***LE PROPHETE YAHYA (JEAN BAPTISTE)*** - *QUE LA PAIX SOIR SUR LUI*
- ***LE PROPHETE AYYUB (JOB)*** - *QUE LA PAIX SOIT SUR LUI*
- ***JESUS, LE MESSIE FILS DE MARIE*** - *QUE LA PAIX SOIT SUR LUI*
- ***LE PROPHETE MUHAMMAD, LE SCEAU DES PROPHETES*** - *PAIX ET BENEDICTIONS SUR LUI*
- ***ISAAC, RECIT DE L'IMMOLE*** - *QUE LA PAIX SOIT SUR LUI*
- ***L'ASCETE UWAYS AL-QAMI*** - *QUE DIEU LUI ACCORDE SA GRACE*
- ***L'ASCETE 'ÂMIR IBN 'ABD ALLAH*** - *QUE DIEU LUI ACCORDE SA GRACE*
- ***L'ASCETE 'AMIR IBN 'ABD QAYS*** - *QUE DIEU LUI ACCORDE SA GRACE*
- ***L'ASCETE YAZID IBN AL-ASWAD AL-JARSHI*** - *QUE DIEU LUI ACCORDE SA GRACE*
- ***ABU MUSLIM AL-KHAWLANI*** - *QUE DIEU LUI ACCORDE SA GRACE*
- ***FADLATA IBN MU'AWIYA AL-ANSARI*** - *QUE DIEU LUI ACCORDE SA GRACE*
- ***SILAH IBN ASHYAM*** - *QUE DIEU LUI ACCORDE SA GRACE*
- ***AR-RABR IBN KHASHIM*** - *QUE DIEU LUI ACCORDE SA GRACE*
- ***SA'ID IBN AL-MUSAYYIB*** - *QUE DIEU LUI ACCORDE SA GRACE*
- ***'UMAR IBN 'ABD AL-'AZIZ*** - *QUE DIEU LUI ACCORDE SA GRACE*
- ***AL-HASAN IBN ABI AL-HASAN*** - *QUE DIEU LUI ACCORDE SA GRACE*
- ***SA'ID IBN JABIR*** - *QUE DIEU LUI ACCORDE SA GRACE*
- ***'AMRU IBN 'ATABA*** - *QUE DIEU LUI ACCORDE SA GRACE*
- ***MALIK IBN DINAR*** - *QUE DIEU LUI ACCORDE SA GRACE*
- ***'ATA AS-SULAYMLI*** - *QUE DIEU LUI ACCORDE SA GRACE*
- ***L'EMIR DES CROYANTS HARUN AR-RACHID*** - *DIEU LUI ACCORDE SA GRACE*
- ***AL FUDIL IBN LYYAD*** - *QUE DIEU LUI ACCORDE SA GRACE*
- ***SUFYAN ATH-THAWRI*** - *QUE DIEU LUI ACCORDE SA GRACE*
- ***IBRAHIM IBN ADHAM*** - *QUE DIEU LUI ACCORDE SA GRACE*
- ***ARRAD AL-'AJLI*** - *QUE DIEU LUI ACCORDE SA GRACE*
- ***RABBAH AL-QAYSI*** - *QUE DIEU LUI ACCORDE SA GRACE*

Printed by Books on Demand GmbH, Norderstedt / Germany